抜ける空

自分軸

本質の輝き

不動心

豊かな時間

リラックスの達人

お気に入り

Produced by Yoshikazu Namiki
WADATSUMI

それぞれの場所で輝く

宇宙意識を使う

高い波動の電波塔になる

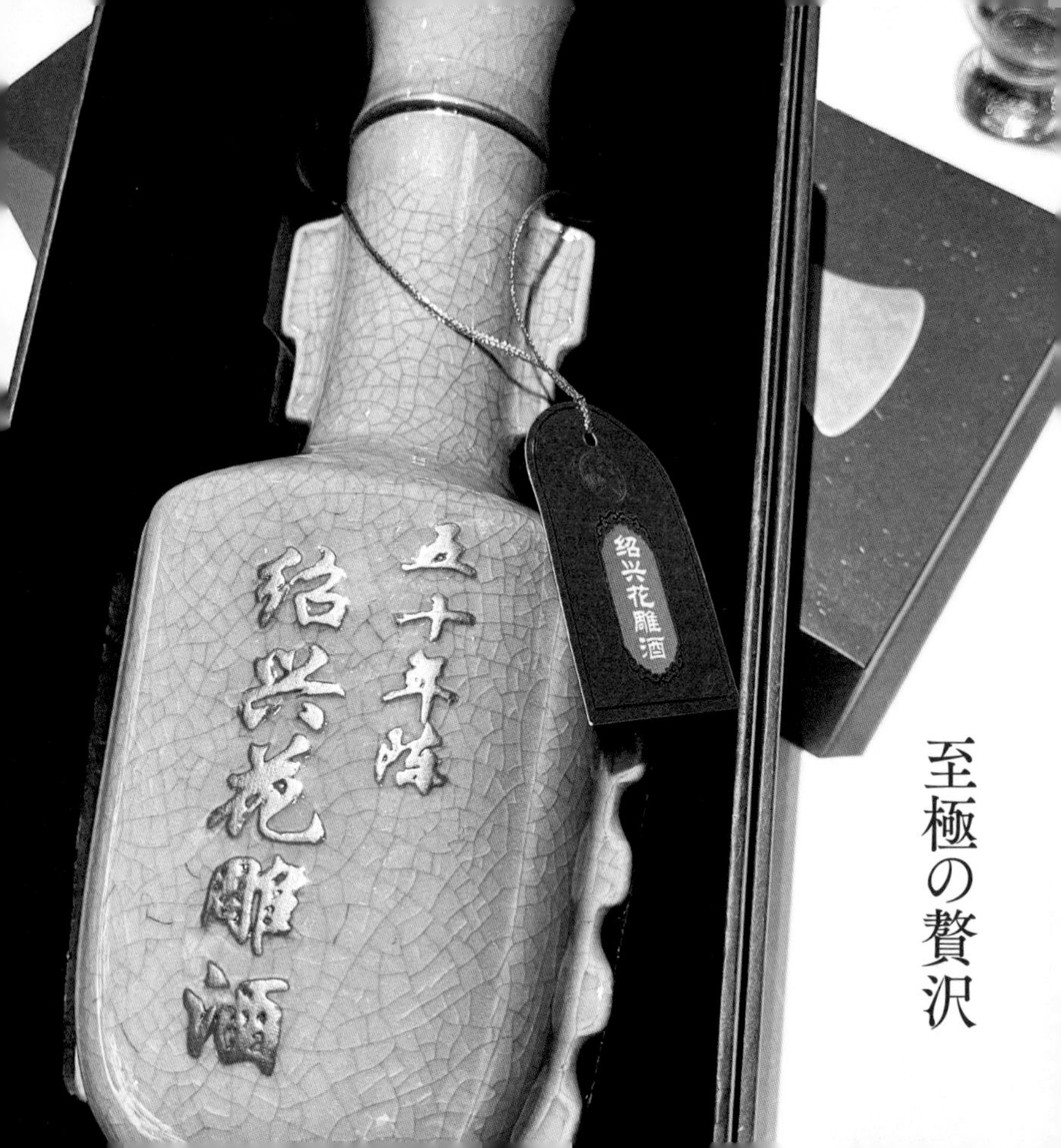

至極の贅沢

次元上昇する
魔法の習慣

Magical Habit
For Your Ascension

111

並木良和

KADOKAWA

はじめに

ネガティブな感情と決着をつけて想像を超えた人生を楽しもう

こんにちは。並木良和です。

いよいよ僕たちは「想像を超えた人生のストーリー」へと本格的な一歩を踏み出しました。すでに鮮やかにスタートダッシュを決めて、本当の自分を謳歌《おうか》し始めている人もいるかもしれません。

僕たちは今、地球と人類の５次元化の真っ只中にいます。それは愛と調和のエネルギーに満ちた「新しい地球」へと人類が肉体を持ったまま次元上昇、アセンションすることを意味します。

２０２１年の冬至を境に、望む生き方をする「目醒めを選んだ人」と、これまで通りの人、つまり「眠りの意識を生きる人」に分かれました。そして、２０２２年の冬至は新しい地球に本格的に移行するために、「想像を超えた人生のストーリーを生きる」と魂が準備を整えている人にだけ、アセンションゲートが開かれました。

ゲートをくぐったあなたのエネルギーの流れは、これまでの水平軸から垂直軸へと急上昇していきます。その流れに乗ることで、あなたが見る景色は、これまでとは別次元になります。昨日と今日の景色が同じように見えても、エネルギー的にはまるで違います。心から望みながらも「自分には無理」と思っていた喜びに満ちた人生のストーリーを生き始める人が、たくさん出てくるでしょう。

　この本を手にしたあなたは、たとえ「目醒め」のことやアセンションのことを知らなかったとしても、２０２２年の冬至のゲートを超えて、魂の道を歩く準備を整えた人です。あとは自分を信じ、魂に一致した、幸せで豊かな人生を思う存分楽しんでいくだけです。

　ただ、２０２２年からの４年間において、地球は非常に強い上昇気流の最中《さなか》にあります。一夜にして状況が一変するような革命級の変化の中で戸惑いを覚える人も多いでしょう。

　２０２２年、春分のエネルギーに切り替わる頃に出版した『次元上昇する魔法の言葉１１１』は「言霊」のパワーを使って、目醒めを選んだあなたをサポートするエネルギーを込めました。

本書は、その続編です。あなたが自分を極めるために、魂の声に従って「行動して習慣化する」。その後押しとなるエネルギーが込められています。あなた自身が行動していかなければ、ゲートをくぐったところで眠り続けることになります。それが良い、悪いではなく、「あとは勝手に人生が良くなる」ということはありません。「ゲートを超えたから、ＯＫね」ではないということです。

僕たちにとって、ここからがスタートであり、本番です。

現実は、自分の意識の反映です。ぼーっとしているだけで、現実から勝手に変わることなどありえません。「本当の自分を生きる」。そう本気で望むのであれば、行動していきましょう。

ゲートを抜けて、新しい自分に生まれ変わった僕たちは、本当の自分と一致して、望む人生を本気で生きる再スタートを切ったばかりです。

もちろん、そのプロセスでネガティブな感情がわんさか出てくることでしょう。ネガティブな感情は古い地球の持ち物です。僕たちは今こそ、ネガティブな感情に決着をつける必要があります。言い換えれば、今は不要な感情を最も手放しやすいタイミングです。

地球の変革のエネルギーは、自分が選んだものを色濃く体験する流れにあります。「ネガティブな感情はもう手放します」と口では言いながら、たまにその感情をスリスリ味わうようなことをしていると、「本当の自分」を生きることなんてできません。

本書で紹介する「行動」の数々は、あなたが最高の人生を生きるために徹底して不要な感情を「手放しする習慣」とも言えます。

あなたが直感でパッと開いたページに従って行動すると、今までとは違う現実（景色）が、目の前に映し出されていきます。

行動が変わると習慣が変わり、さらに意識が変わることで、世界が大きく変容していきます。それって、ワクワクしませんか？

さあ、これからやってくるとてつもない変化の波を乗りこなして新たな人生を思いっきり楽しみましょう！

並木良和

本書の使い方

この本では、あなたとあなた本来の高次元の意識である「ハイヤーセルフ」を直接結びつけ、今のあなたに最適なメッセージを受け取ることができます。

受け取ったメッセージを行動に移していくことで、あなたの魂が望む本来の道へと軌道修正がなされたり、自分を信頼して、本当の自分と深く一致しながら前に進むことができます。

心を落ち着かせて、訊きたいことを、素直に、ありのままに意図してください。

「〇〇について、導きをください」

そう唱えて、パッとページを開いてみましょう。

質問とページの内容が噛み合っていないとしても、そこに「答え」はあります。ハイヤーセルフの導きは、あなたの表層的な意識を透かして、あなたの潜在意識が抱く問題を反映するからです。

「目醒め」を決めたと思っていても、「何をしたらいいのかよくわからない……」。また、「ちゃんと進めているのか」と自信を持てないような時も、自分のハイヤーセルフに訊ねてみましょう。

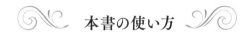

1 テーマ

地に足をしっかりつけて、新しい地球で「行動して習慣化」するあなたに必要な10のテーマです。アイコンからどのテーマの内容に属するかを知ることができます。10のテーマについては、次のページで解説しています。

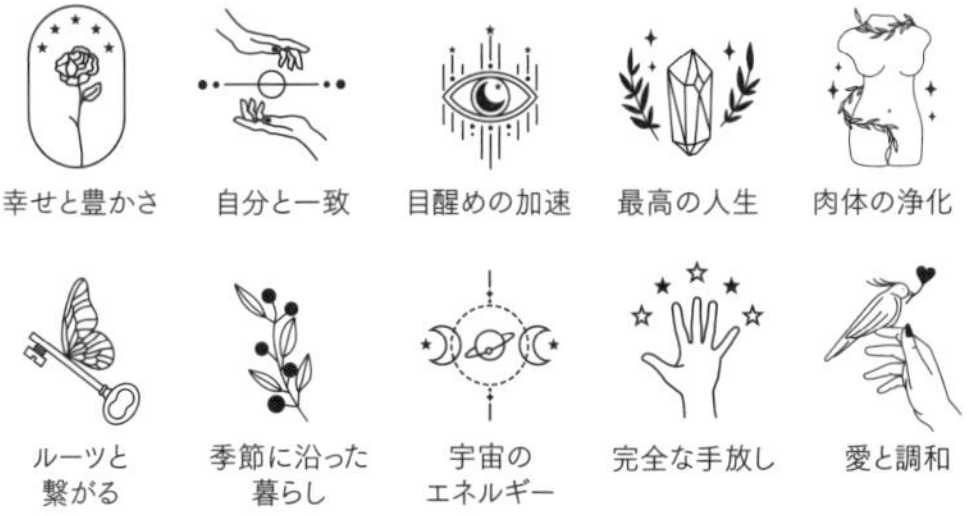

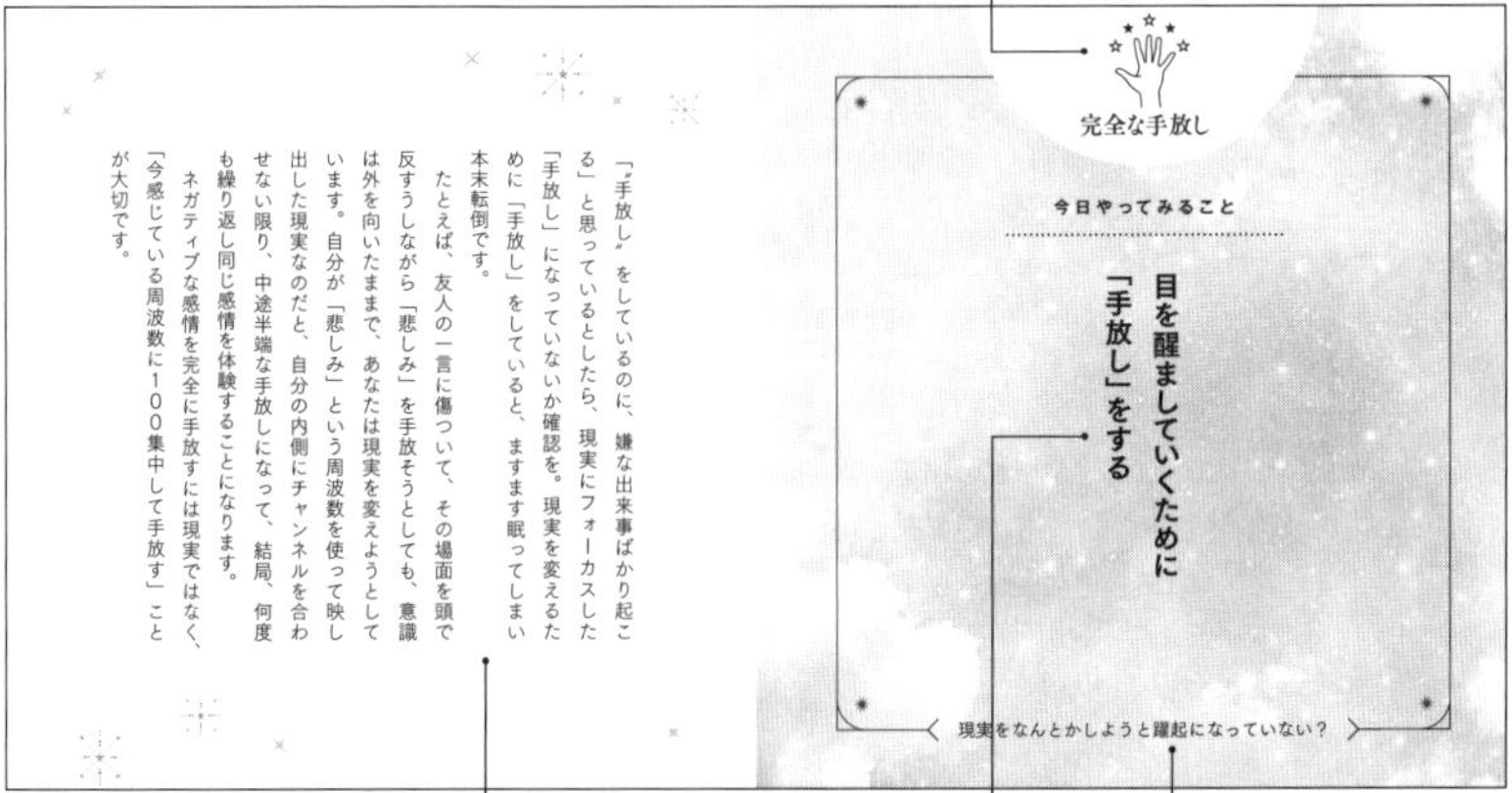
完全な手放し

今日やってみること

目を醒ましていくために「手放し」をする

現実をなんとかしようと躍起になっていない？

「〝手放し〟をしているのに、嫌な出来事ばかり起こる」と思っているとしたら、現実にフォーカスした「手放し」になっていないか確認を。現実を変えるために「手放し」をしていると、ますます眠ってしまい本末転倒です。

たとえば、友人の一言に傷ついて、その場面を頭で反すうしながら「悲しみ」を手放そうとしても、意識は外を向いたままで、あなたは現実を変えようとしています。自分が「悲しみ」という周波数を使って映し出した現実なのだと、自分の内側にチャンネルを合わせない限り、中途半端な手放しになって、結局、何度も繰り返し同じ感情を体験することになります。

ネガティブな感情を完全に手放すには現実ではなく、「今感じている周波数に100集中して手放す」ことが大切です。

2 「移行」期の意識改革のポイント

この時期は自分軸がブレないことがとても大事です。あなたが自分軸を保ち、心の声にしっかり耳を傾けるよう“気づき”をもたらす僕からのクエスチョンです。

3 キーワード

メインメッセージの核となる言葉です。今、あなたにはどのような行動や習慣が必要か、知ることができます。

4 メインメッセージ

ハイヤーセルフからのメッセージです。このメッセージを読みながら感じる「内なる声」、脳裏に浮かぶイメージや、好奇心、気づきを捉えていくと、あなたの可能性はさらに広がります。

テーマについて

幸せと豊かさ

「幸せと豊かさ」を導く習慣です。幸せや豊かさは頑張らないと手に入らないものではなく、まずは自分が現実を創っているとちゃんと納得すること。自分の内側が豊かに満たされた感覚を自分の中に意識的に創り上げていく習慣が、真の豊かさのベースになります。

関連ワード…お金、余裕、満足感、充足、循環

自分と一致

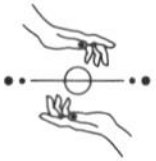

「自分と一致」する習慣です。あなたが「本当の自分」を生きたいのなら、自分と一致していくことは必須です。「本当の自分」とはハイヤーセルフであり、自分の本質です。あなたが目醒めを選んだのは、新しい地球で「本当の自分」を表現するためです。

関連ワード…ニュートラル、あるがままの自分、可能性、才能、自分軸

目醒めの加速

「目醒めの加速」を促す習慣です。地球という惑星は、行動の星です。僕たちが肉体を持っているのは行動するためです。行動することで目醒めは加速し、「本当の自分」を生きて夢を具現化することにも繋がります。

関連ワード…直感、ひらめき、希望、シンプル、自分に問う

最高の人生

「最高の人生」を送るための習慣です。最高の人生を生きるとは、最高のパラレルを選ぶこと。やりたいことをやり、行きたいところへ行き、なりたいものになる。最高の在り方を体現するパラレルに周波数を合わせることが、最高の人生を創ります。

関連ワード…パラレルワールド、多次元、最適化、想像を超える

肉体の浄化

「肉体の浄化」が定着する習慣です。肉体は意識の乗り物。身の回りの物質や環境は僕たちの在り方に大きな影響を与えています。肉体を浄化し、身の回りをクリアに保つことを習慣にすると、内側のエネルギーも整います。

関連ワード…癒やし、生命力、睡眠、幽体離脱、病気、老化

次元上昇のプロセスにおいて意識して行動したい事柄をピックアップしています。

ルーツと繋がる

「ルーツと繋がる」ための習慣です。僕たちは先祖や過去世も含めた魂のルーツから、さまざまな影響を受けています。僕たちが今、新しい地球へと次元上昇するタイミングで生を享《う》けることができたのは、魂のルーツがあるおかげです。

関連ワード…ご先祖、過去世、家族、縁、神社仏閣、輪廻、転生

季節に沿った暮らし

「季節に沿った暮らし」をする習慣です。季節の節目には、宇宙のポータルが開き、僕たちがスムーズに進化、成長するためのエネルギーが流れ込みます。自然の変化を捉えて、魂が向上していく情報やヒントが刻まれたエネルギーを受け取りましょう。

関連ワード…春分、夏至、秋分、冬至、旬、年中行事

宇宙のエネルギー

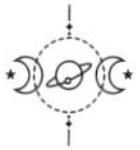

「宇宙のエネルギー」を受け取る習慣です。僕たちの本質は源であり、宇宙そのものです。夜空に思いを馳せたり、天体の動きを意識したり、火、地、風、水というエレメントのエネルギーに調和することが自分の本質を思い出すきっかけになります。

関連ワード…月の満ち欠け、新月、満月、宇宙生命体、マスター、ライオンズゲート

完全な手放し

「完全な手放し」を徹底する習慣です。今の僕たちは本来の自分に戻ろうとしています。ネガティブなバイブレーションを手放していくほど本来の自分が現れてきます。ネガティブな周波数を持ち続ける限り、本当の意味で目醒めることはありません。

関連ワード…統合、執着、軽やか、五感、感情、内観

愛と調和

「愛と調和」を保つ習慣です。宇宙の源の周波数は、大いなる愛そのものです。つまり僕たちは誰しもが愛ある存在だということ。自分が愛ある存在であることに気づき、愛を循環させていくことは、調和の周波数と一致して生きることに繋がります。

関連ワード…感謝、許し、パートナーシップ、動物、植物、恋愛、結婚

「意図」を上手く使おう

「意図」を上手に使うことができると、目醒めに向かってスムーズに行動することができます。エネルギーは「意図」に従うという特徴があるからです。あなたが「こうなる」と明確に意図することで、人生はそこに向かって動き始めます。

例　「ネガティブな感情は手放します」と明確に意図する

例　「私は人生の主導権を握ります」と明確に意図する

例　「優柔不断な在り方を終わりにします」と明確に意図する

例　「私は上昇気流に乗ってアップグレードします」と明確に意図する

Point

「こうなります」と明確に意図することが大切です。その意図が具現化されたイメージができると、意図はよりパワフルになりますが、イメージが上手くできなくても言葉でしっかり宣言すればOKです。

瞬間瞬間「手放し」しよう

ネガティブな感情を手放せば手放すほど、あなたは自分と一致して生きることができ、目醒めが加速します。瞬間瞬間「手放し」するくらい「手放し」が板に付いてくると、あなたの波動はどんどん軽やかに、より自由で、幸せを感じる時間が増えていくでしょう。

1

ネガティブな感情を「認める」

例：「イライラする」と感じたら、「イライラするね」と自分の中に「イライラ」の感情があったことを認めます。その「イライラ」を手で握ります。

2

「この感情、手放ししてOK?」と自分に訊ねてから手放す

例：その「イライラ」をあなたはお気に入りのおもちゃのように肌身離さず握りしめて使ってきました。もう「イライラ」は不要な感情だと思うなら「このイライラ、手放ししてOK?」と自分に訊ねましょう。「OK」と感じたら、パッと手を広げると手放せます。

3

深呼吸する

深呼吸をすると意識がニュートラルに。深呼吸をしても少しもスッキリ感がない場合は、1～3を繰り返して。

「こひしたふわよ」を生き方にする！
Special Messageについて

111の行動習慣の中には、僕が提唱している「こひしたふわよ」を元にした7つのスペシャルメッセージが含まれています。

目醒めて生きるということは、「こひしたふわよ」を生き方にしていくことです。「こひしたふわよ」を行動の指針にすることで、この革命的な転換期において自分らしく人生を創造していけるでしょう。

「こひしたふわよ」の意味

こ … 心地よい
ひ … 惹かれる
し … しっくりくる
た … 楽しい
ふ … 腑に落ちる
わ … ワクワクする
よ … 喜びを感じる

「こひしたふわよ」に従って生きることは、本当の自分であるハイヤーセルフに一致して生きることであり、自分軸に立って「こうありたい」という人生の在り方を具現化する鍵になります。

新しい地球へとアセンションを決めたあなたのエネルギーは、これからエレベーターが上昇するように垂直に上昇、拡大する重要なタイミングにいます。その過程では嵐のような激しい揺らぎを体験することもあるかもしれません。ただ、いつどんな時でも「こひしたふわよ」で選択し行動することで、すべてはあなたにとってベストの状況へと導かれることでしょう。

The Best Future is Coming!

真に幸せで自由な人生へ飛び出そう

111

完全な手放し

今日やってみること

目を醒ましていくために「手放し」をする

現実をなんとかしようと躍起になっていない？

「〝手放し〟をしているのに、嫌な出来事ばかり起こる」と思っているとしたら、現実にフォーカスした「手放し」になっていないか確認を。現実を変えるために「手放し」をしていると、ますます眠ってしまい本末転倒です。

たとえば、友人の一言に傷ついて、その場面を頭で反すうしながら「悲しみ」を手放そうとしても、意識は外を向いたままで、あなたは現実を変えようとしています。自分が「悲しみ」という周波数を使って映し出した現実なのだと、自分の内側にチャンネルを合わせない限り、中途半端な手放しになって、結局、何度も繰り返し同じ感情を体験することになります。

ネガティブな感情を完全に手放すには現実ではなく、「今感じている周波数に１００集中して手放す」ことが大切です。

宇宙のエネルギー

今日やってみること

発光する
カラーのベールを使って
エネルギーを整える

発光のパワフルな力を使いこなしている？

きらめく光には、カラーによって異なる特性がありますが、どれも宇宙の愛と光の叡智に繋がっています。

気になる色のキラキラの光のベールに包まれて、鼻からも毛穴からも呼吸します。不要な感情やエネルギーは真っ黒な煙で吐き出すイメージをしましょう。エネルギーが整い、それぞれのカラーの効果を受け取れます。

エメラルドグリーン：心身の疲れ、不調を癒やす。
グリーン：良好な人間関係に導く。
バイオレット：すべてのネガティブな感情の浄化。
ベビーピンク：優しい気持ち、穏やかに導く。
ゴールド：オールマイティ。
ホワイト：浄化と守護。
エレクトリック・ブルー（青白い光の色）：病気の周波数を洗い流す。

愛と調和

今日やってみること

言い返したくなったら、
ひと呼吸。
カルマは自分で
終わりにする

「売り言葉に買い言葉」をしていない？

地球での人間関係というのは、カルマがベースになっています。特に家族同士は輪廻を繰り返す中で、互いの役割を交換しながら魂の経験を積んでいる色濃い関係です。今僕たちは、根深いカルマをも完全に終わらせ、地球の輪廻から抜け、転生するタイミングにきています。

カルマを解消するには、相手とギクシャクする出来事があった時、「カルマ的な繋がりがあるのかも？」と捉えてみましょう。誰かからひどいことを言われたら、過去世において自分も同じような言葉を使っていたのかもしれない、と。

負けじと言葉の応酬に出たりせず、ひと呼吸置いて、高い視点で愛を持った言葉を選んでいきましょう。あなたから思いやりの意識を向け続けると、執拗に見えるカルマも必ず溶けて消えていきます。

目醒めの加速

今日やってみること

八方塞がりの時は
視線を上げる

ネガティブな意識の中で溺れていない？

八方塞がりの時というのは、目の前の壁だと思っていることにずっと意識を向け続けて、前後左右斜めと、どこを向いても壁だらけ！　とあわあわしているだけ。ネガティブな意識の沼にハマって視野が狭くなりパニックになっています。上がぽっかり空いているのに気づいていない、まさに「眠り」の状態です。

左右に振っていた首を上に向けてみて。「なんとかしよう」と右往左往するのを一旦やめましょう。「できない、やれない」の周波数が映し出すスクリーンに突っ込んでいる限り、もがき、溺れてしまいます。

水中で溺れかけると、もがくほど下に沈みます。そんな時は、身体の力を抜くとふっと浮上できることを本当は知っているのです。顎を上げて上を見ると、自然と背筋が伸びて、首や肩の力も抜けます。意識も変化するので、解決策が舞い降りてくるようになります。

肉体の浄化

今日やってみること

家の掃除をこまめにして、相互作用で自分の内側も整える

自分の居場所をキレイにしている？

家の掃除を怠って、ゴチャゴチャと物を溜め込んでいくと、最終的には足の踏み場もなくなり、悪臭や虫といった住環境汚染となり近隣にも影響を及ぼします。

ネガティブな感情を溜め込むのもそれと同じで、ネガティブな感情同士がくっついて、雪だるま式に膨らみ、やがて腐敗します。腐敗臭が漂い出すと高波動の人や物は離れていきますし、寄ってこなくなります。

どうでしょう。僕たちの外側、住環境は自分の内側の写し鏡だと思いませんか。

掃除には心の浄化の側面があります。部屋をこまめに片づけてスッキリした空間を維持しておくと、ネガティブな感情にも気づきやすくなり、相互作用で自分を整えやすくなるのです。

ルーツと繋がる

今日やってみること

ご先祖に依存しない

困るとご先祖に泣きついていない？

僕たちが次元上昇するということは、霊界にいるご先祖も一緒にアセンションしていくことです。

古い地球の眠りの意識を持ったまま亡くなったご先祖も多く、自分が光へと向かうことより、残した家や子孫が心配で意識をこちらに向けていたりします。

たとえば、ピンチの時に「天国のおじいちゃん、助けてください」と祈ったりすると、おじいちゃんは可愛い孫を助けようとしてくれます。これって実は、あなたが頼るほど、霊界でのおじいちゃんの魂の進化を妨げているんだと知ってください。

今の僕たちに必要なのは、ご先祖に心配させないくらい自立していくこと。「私たちは大丈夫。おじいちゃんはおじいちゃんの道を進んでね。ありがとう」と感謝を言える強さが必要です。

自分と一致

今日やってみること

自我の暴走に
ストップをかけて、
ハイヤーセルフに
人生の先頭を任せる

人生の舵取りを自我に委ねていない？

人生が思い通りにいかないと感じる時は、自我の暴走をストップするワークをしてみましょう。

〝電車ごっこ〟をイメージしてください。人生が思い通りにならない状態というのは、電車ごっこの先頭が「自我」、2番手が「ハイヤーセルフ」、最後尾が「〝私〟という意識」の順でロープの輪の中に並んでいます。

自我は自分にとっての最高・最善を知らないため目の前のことや欲に惑わされて暴走しがちなのです。

「ストップ！」と最後尾の「私」が電車を止めて、手を開くとロープが落ちます。横に黄金の輪があります。先頭に「ハイヤーセルフ」、2番手に「自我」、最後尾に「私」の順で乗り換えましょう。そうして、一つ深呼吸。ハイヤーセルフに人生の先頭を任せることで、自分にとってベストな道を選ぶことが容易になり、自我の持つ情熱や行動力も上手く生かせます。

最高の人生

今日やってみること

寝る前に「知りたいこと」を
意図して、
夢からメッセージを受け取る

夢を大事にしていますか？

アイディアが欲しい時や、悩んでいるような時は、夜寝る前に、「〇〇について、ヒントをください」と意図して寝ると、夢に答えが現れることがあります。夢は僕たちに気づいてほしいメッセージを常に発信しているからです。夢は、最高の人生を創造していくための最高の学びの機会だと僕は捉えています。夢は辻褄が合わないストーリーだったりしますが、夢日記を書いておくと、読み返した時に気づきを得たり、インスピレーションが働くことがよくあります。夢を見ている時は、宇宙に向けて意識がオープンになっているため、高次のメッセージを受け取っているからです。

難しく考えず、「明るい、暗い」といった印象や、場所、人物、言葉などを単語で書き留めておくだけでもかまいません。徐々に覚えている夢の内容が増えて、センテンスで書けるようになるでしょう。

完全な手放し

今日やってみること

「〇〇しなきゃ」を手放して
「〇〇しよう」と
シンプルに行動する

眠りの意識を使うクセに気づいていますか？

「〇〇しなきゃいけない」と感じた時の義務感、強制感、焦り、力みはすべて眠りの周波数です。

たとえば、誰かに無理強いされたわけでもないのに「〝手放し〟しなきゃ」となるのは、おかしな話ですよね。それなのに、そう捉えてしまうのは、行動に「眠り」の意識をくっつけるのがクセになってしまっているからです。

そうなる自分を責めずに、「〇〇しなきゃ」が出てきたら、「〇〇しなきゃ、また出てきたんだね」と受け止めて手放す。考える間もなく何度でも手放す。これしかありません。

徐々に、「〇〇しよう」とシンプルに行動できるようになります。それが僕たちの本質です。そうすることで効率が良くなったり、あらゆることが簡単にできるようになったりします。

宇宙のエネルギー

今日やってみること

美容にも強いマスター、
大天使ジョフィエルと
共同創造して
新たな魅力を引き出す

もっとキレイになりたくない？

「メイクを変えたいけど、どうしたらもっと可愛くなるかな」「もっとキレイな肌になるにはどうしたらいいかな」「私に合うダイエットの方法はなんだろう」など、美容の悩みやイメチェン、美しさのブラッシュアップを図りたい時は、美容のマスター、ジョフィエルと繋がってサポートをお願いしましょう。

「大天使ジョフィエル、〇〇〇についてサポートしてください」

そう呼びかけると、いろいろなサインを送ってくれます。自分に合うスキンケア商品のコマーシャルをたくさん見るようになったり、雑誌を見ている時にひらめきを得たり、人からアドバイスをいただいたり……。

ジョフィエルに感謝を告げて、ピンときた方法を試してみましょう。あなたの新しい魅力が続々と引き出されるでしょう。

ルーツと繋がる

今日やってみること

ご先祖も
「自分のチーム」という意識で
ともに光の道を進む
意識を持つ

ご先祖の存在を忘れていない？

目醒めを選んだあなたは、これから新しい地球で、本当の自分を輝かせながら次元上昇していきます。その時、今のあなたのベースとなるご先祖たちの存在も意識に入れましょう。

ご先祖たちと自分は一つのチームだという意識を持つことです。家族やともに働く仲間にチームという意識を持つ人は多くいますが、ご先祖がぽっかり抜けていたりする。でもあなたのルーツはそこにあります。ご先祖がいたからこそ今のあなたがいるのです。

あなたがご先祖も一つのチームであるという意識で行動し、輝かして放った光は、ご先祖にも日々届けられます。自ずと進む道に光がすーっと差し込んで、ご先祖も一緒に光の道を進める。それが何よりの先祖供養になるのです。

幸せと豊かさ

今日やってみること

心から望まないお付き合いに
お金や時間を浪費しない

自分が幸せになるお金の使い方をしている？

僕たちは肉体を持つ限り、人生の時間は有限です。

自分にとって本当に必要な「事」「物」「人」に時間を使う意識を持たないと、あっという間に時間を浪費して人生を終えることになりかねません。

お金についても同様です。本当に欲しいのかどうか見極める。無駄には使わない。その意識がお金を大切にすることだと僕は思っています。

お金は、自分が本当に一緒にいたい人と過ごす時に使うなど、自分が幸せだと感じる使い方をしましょう。

行きたくないのにお付き合いで食事会に参加したりしていませんか？　それは無駄遣いと同じです。僕は徹底的に断ることをやってきました。それを続けた結果、時間やお金を自分にとっての幸せに使う意識が、豊かな日常に繋がっていくと断言できます。

最高の人生

今日やってみること

定期的に
見晴らしの良い場所から
広い世界を見渡す

ニュートラルの視点を忘れていない？

トラブルの最中にいる時は、イメージの中で自分を20〜30メートル上から俯瞰して眺めてみましょう。高い視点から今の状況を見ると、ニュートラルな「本当の自分」を瞬時に取り戻せます。「気を揉むほどのことではないわ」「どうでもいいかも」と違った視点で捉えた瞬間、意識はガラリと変わります。ニュートラルは、ポジティブでもネガティブでもない、深い喜びや穏やかさ、静けさに満ちた最高・最強の波動です。高い視点を持ってニュートラルに立ち返るトレーニングをすると、目に映る現実も変わり始めます。

定期的に展望台や山の頂上など見晴らしの良い場所から広い世界を見渡すのもおすすめです。開けた景色を見ると、僕たちの潜在意識は「自分には無限の可能性や選択肢がある」と捉えることになるからです。

肉体の浄化

今日やってみること

眠い時は寝る
休みたい時は休む

眠いのに我慢していない？

統合が進み、自分が放つ波動が軽くなると、肉体が進化し、炭素ベースから、ケイ素（クリスタル）ベースへと変化していきます。そのプロセスの中で、肉体の反応としては、眠気や疲労、原因不明の不調などに襲われることがあるかもしれません。

なので病院に行っても、これといった原因が見つからなかったりしますが、それは次元上昇における浄化の影響かもしれません。

日中でも、眠くなった時は、たとえ5分でも昼寝をする。休みの日にやろうと思っていた予定があっても体調が優れなければ一日ゆったり過ごすなど、自分の内側の声に注意深く耳を傾けてあげましょう。

浄化のプロセスを加速させ、より早く回復できるでしょう。

Special Message

今日やってみること

「心地よい」という
フィーリングを最優先に。
あなたの光の波動が
ポジティブな循環に繋がる

今日は「こひしたふわよ」の「こ・心地よい」にフォーカス。自分の「心地よさ」を追求し、穏やかに、優雅に人生を歩んでいくあなたに僕からエネルギーを送ります。

僕たちは今、自分の持ち合わせている才能や資質、可能性を十二分に使っていく流れにいます。

それらを使いこなしていくコツが、常に自分にとって心地よい選択をすること。

心地よいと感じると、自然と気分が上がります。そのフィーリングが波動を高めて、あなたの本質へと深く繋がります。

心地よさを最優先に行動していくと、あなたの発するエネルギーの一つひとつが光の波動を放ち、現実にもポジティブな循環が生まれます。

目醒めの加速

今日やってみること

スマホの写真を削除して、新しい流れを呼び込むスペースを空ける

〈 スマホの容量が写真でパンパンになっていない？ 〉

スマホを四六時中持ち歩くことは、自分の波動領域にスマホの中の高いも低いもひっくるめた全データのエネルギーを帯同している状態です。なので、不要なデータはこまめに削除することで波動を高くキープできるようになります。

削除する際、盲点になりやすいのが、自分を含む人が写った写真です。それは申し訳ない気持ちや、二度と一緒に撮れないかも、と執着しやすいから。もちろん、その写真を見て、「楽しかったなぁ」と、思わず顔がにやけるほどいい気分になるならOK。

少しでも嫌な出来事を想起する写真は、たとえ家族であっても徹底的に削除するのがおすすめ。嫌な感情を一切意識に上げない工夫の一つです。そして、スペースを空ければ空けるほど新たな流れがやってきます。スペースを空ける習慣をこまめに意識しましょう。

ルーツと繋がる

今日やってみること

ご先祖の得意だったことのコツを訊ねてサポートをもらう

おばあちゃんの得意料理はなんだった？

僕たちは、ご先祖に感謝しながら本来の力を取り戻して魂から望む人生を創り出していく。ご先祖は霊界において自身の魂の成長に集中していく。それが、連綿と続いたカルマを浄化し、僕たちもご先祖たちも、そして子孫たちも繁栄していく在り方になります。

　これは、ご先祖に感謝以外はしてはいけないという意味ではありません。依存にならず調和的にご先祖と交流を楽しむコツとして、そのご先祖の得意だったことの知恵を借りるとよいでしょう。たとえば、「おばあちゃんは梅干しを漬けるのが上手だった」としたら、「いい梅の選び方を教えて」とか、「作り方のコツを教えて」と訊ねてみます。梅を買いに行った時、梅が光って見えたり、アイディアがひらめいたりと、直感やサインを与えてくれるでしょう。

愛と調和

今日やってみること

「何かしてほしい？」ペットに気持ちを訊いて、望むことをしてあげる

飼い主の都合に合わせていない？

人間の生活の中に入ってくる動物たち、いわゆるペットと飼い主の関係は、お互いにサポートし合って、魂の進化・成長のスピードを加速させています。そしてペットに限らず野生動物も、もちろん一緒にアセンションしていくのです。

動物たちとコミュニケーションを深めるコツとして、それぞれの考え、個性に意識を向けてみましょう。触られるのが好きな子もいれば、嫌いな子もいます。ペットにもその日の気分があるでしょう。

犬だからこう、猫だからこう、という考えに縛られない。目の前にいる動物に訊くのが一番です。「何かしてほしい？」「今抱っこしてもいい？」などと訊ねて、自分のハートに伝わってくるメッセージを読み取ってみましょう。その習慣が、より豊かな関係性に繋がります。

自分と一致

今日やってみること

「飽きず」に楽しんで続けられることを探す

「好き」を仕事にしようと焦っていない？

　これからの時代は、企業に就職するというスタンダードな働き方は減り、副業が当たり前になったり、フリーランスのように個人で仕事をする人が増えてきます。自分の力だけで生きていくということが、今までより容易な世の中になるのです。それは自分が「好きだな」と激しく夢中になれる仕事に就けるチャンスです。ただし、好きなことを見つけたらすぐに始めたくなりますし、すぐに仕事にしたいと思うかもしれませんが、仕事に繋げず、一旦脇に置きます。

　一番のポイントは、「飽きずに続けられるかどうか」です。飽きずに練習したり、気づいたらそれをやっていたりと、少しずつでも上達していく自分を励まして純粋に楽しんでいるかどうか。その習慣があなたを天職へと導いてくれるでしょう。どんなことでも、あなたが飽きずにやってきたことを探してみましょう。

幸せと豊かさ

今日やってみること

すでに「豊かさ」に
囲まれていることに気づき、
自分を「豊かさ」の
感覚で満たす

日常が当たり前だと思っていない？

目に見える世界は自分の内側の反映です。

簡単に言えば、自分が豊かだと感じられていれば、あらゆるところに「豊かさ」は反映していきます。

反対に、「豊かさ」を感じることなく、「豊か」には決してなれません。裕福な人たちの間にも、心の奥底で欠乏や不足感、恐怖に囚われている人もたくさんいます。本人が「豊かさ」を感じていなければ、豊かで幸せではないということです。

「豊かさ」の源は、常にあなたの中に存在しています。

住む家があること、食事ができること、着るものがあること……。それは当たり前のことではありません。

本当は、自分はすでに「豊かさ」に満ちていると気づいた時、あなたの日常も「豊かさ」で溢れかえるでしょう。

宇宙のエネルギー

今日やってみること

星空を眺めて、宇宙の叡智をダウンロードする

星と会話をしていますか？

星空を眺める。これは、僕たちの本質に触れる体験です。自然と呼吸が深くなり、心が癒やされるのはそのためです。そして、僕たちの意識は拡大していきます。何も考えず、リラックスして星空に身を委ねてオープンでいるだけで、宇宙と一体化し繋がることができるのです。

時に、こんなふうに意図してみましょう。

「私の魂とゆかりのある星や惑星の存在。どうぞ私に応援のエネルギーを送ってください。ありがとう」

すると、サポートのエネルギーや宇宙の叡智をダウンロードすることができます。宇宙の存在は、僕たち地球人が彼らに意識を向けることを待っています。それによって宇宙との共同創造が始まるからです。

プラネタリウムや、星空の写真を見ながらイメージしても意識を繋げるきっかけになります。

ルーツと繋がる

今日やってみること

ご先祖に意識を向けて、今ここに存在できることの感謝を伝える

〈 お墓参りに行けない後ろめたさを感じていない？ 〉

「ご先祖に会いにお墓参りに行く」

これは、必ずしも必要ではないと僕はお伝えしています。歌にもあったように、ご先祖は常にお墓にいるわけではないからです。ご先祖とは、あなたが意識を向ければどこからでも繋がることができるのです。

「私が今ここに存在できるのはご先祖様のおかげです。ありがとうございます」という感謝の気持ちを日々伝えることが一番大切。

この肉体を持ったからこそ、この地球で貴重な体験ができる。これは無条件に感謝すべきことです。その気持ちを受け取ったご先祖は、とても喜びます。

ただ、お墓は物質的なもの。雨風にさらされれば当然汚れます。時々お参りして心を込めて掃除をすると、その気持ちがまたご先祖に繋がります。

最高の人生

今日やってみること

お風呂で「最高の人生のストーリーを生きる自分」を想像する

無理に自分を変えようとしていない？

「何かしなきゃいけないような気がする」「変わらなければいけない気がする」。こんなふうに焦りを感じている人が多くいます。

「～しなくちゃいけない」という感覚自体、自分軸からズレています。うっかりそう思ったら、「あっ、本来の自分とズレている」と捉えましょう。本当に大事な行動は、責任感や義務感、頑張ってするものではないのです。それは強《し》いるエネルギーで自分を縛ること。がちがちに固まった身体を緩めましょう。

お風呂に入っている時、スイーツを食べている時など、自分がリラックスしているタイミングを上手く使います。「こんなふうだったらいいな」「こんなふうになりたいな」と、最高の未来の自分を白昼夢を見るように想像してみます。肩ひじ張らず、あるがままの自分でスムーズに行動に移していくコツです。

目醒めの加速

今日やってみること

自分をハイヤーセルフに置き換えて物事を見る

ハイヤーセルフの視点を忘れていない？

もし目の前に、仕事、健康、人間関係、お金、家庭などの問題があったり、政治や国際情勢、環境問題に心を痛めることがあったりしても、宇宙の視点から見れば、それは全てイリュージョン、創られたドラマにすぎません。

頭で考えてどうにかしようとするよりも、「ハイヤーセルフとしての自分だったらどう思う？」「どう行動する？」「なんて言う？」と、「ハイヤーセルフである自分」という意識になって答えてみましょう。

鷹が地上の獲物を遥か遠い空から狙うように、宇宙的な高い視点で物事を見ることを習慣にすると、一気に目醒めは加速します。客観視したり、俯瞰したりすることができるようになるからです。すると、現実のドラマに巻き込まれなくなります。いつしか同じ土俵に立つことすらできなくなるでしょう。

肉体の浄化

今日やってみること

柏手を打って、
時空間の厄払いをする

場所や物を浄化していますか？

はじめて入った部屋で、「なんとなく嫌な気がする」と感じたことはありませんか。ネガティブなエネルギーは、場所や物に残ります。その部屋で起きたいざこざ、それに伴う人の念を部屋が吸収するため、影響されて落ち着かなくなったりするのです。

柏手を打つように部屋の四隅に向かって6回手を叩くと、簡単に空間の邪気を払えます。

アンティークの置物に前の持ち主のエネルギーが残っていて、家に届いてから体調が優れないという話も実際に聞いたことがあります。他にも、バイオレットフレイム（紫の炎）で包むイメージをすることでも浄化できます。いずれも自分自身にネガティブなエネルギーを残さないことが大事です。また、エプソムソルトを入れたお風呂は、肉体に溜まったネガティブなエネルギーやエネルギー体を浄化するのに最適です。

季節に沿った暮らし

今日やってみること

春分、夏至、秋分、冬至……。
季節の節目のエネルギーを
最大限に受け取る

季節の流れを意識している？

春分、夏至、秋分、冬至の前後は宇宙のポータルが開き、僕たちの魂の進化・成長を加速するエネルギーが注ぎ込まれます。このサイクルにおいて、ただ過ごしているだけでもエネルギーを受け取っていますが、意識的にチャンネルを合わせると、最大限に受け取ることができ、速やかに新しいフェーズへと移行します。

季節の節目を迎えたタイミングで「このエネルギーを最大限に受け取り、人生に生かす」と意図しましょう。

なお、エネルギーの傾向、意味合いは毎年異なりますが、チャージできる基本的なエネルギーの質は以下の通りです。

春分：「宇宙元旦」であり、スタートのエネルギー。
夏至：物事を熟成させていくエネルギー。
秋分：実りを受け取る流れに導くエネルギー。
冬至：再生に向けて生まれ変わるためのエネルギー。

最高の人生

今日やってみること

移動中に
「最高のストーリー」へと
続くパラレルにシフトする

電車の中でイライラしていない？

自分の想像できるだけのパラレルがあり、チャンネルに合わせることで、望む現実を体験することができます。つまり、「こうありたい」と意識的に自分が望めばそのパラレルへシフトできるのです。

悩みがあって早く解決したいと思っているとします。電車、バス、飛行機、車などの乗り物に乗る時に、「到着したら、私は悩みのない世界に降り立ちます」と意図します。今よりも高い次元に降り立つと決めるのです。移動中の乗り物は光のトンネルの中を上昇しているとイメージしましょう。到着するとあなたは別次元のパラレルに移行していますから、そこから得た直感やアイディア、気づきを生かしていくことで悩みから解放された時空間へとシフトできます。意図するだけで最高のパラレルに移行する。いつでも最高の人生を生きることができるのです！

自分と一致

今日やってみること

いつもの自分だったら
しないことを
あえてやってみる

偏見に囚われていませんか？

僕たちは偏見や差別という眠りの意識によって無意識のうちに人を傷つけたり、自分の可能性までも狭めてきました。「女のくせに」「いい年をして」というふうに、その偏見は年齢、ジェンダー、学歴、職業、容姿、結婚……と挙げればキリがありません。目醒めるとは、偏見をすべて手放すことです。

偏見から抜け出す方法として、「いつもの自分だったらしないことをあえてやる」がいい練習になります。同じことをしていても、変化は起きません。意識的に反転させていくとブレイクスルーに繋がります。たとえば、「普段と違うファッションをしてみる」「普段、大勢の前で質問をしないけれど挙手してみる」といった、少し背伸びするような感覚で自分の殻を破っていく。すると偏見という枠が溶けて、ニュートラルに捉える視点を養えます。今日はいつもと違う、何をしますか？

完全な手放し

今日やってみること

「人からどう思われるか」
そう思う自分の内側に
どんな感情があるかを
捉えて手放す

まだ人の目が気になりますか？

大勢の人の前でスピーチするとなった時、「誰も理解してくれなかったらどうしよう」「席を立たれたらどうしよう」など人の目を気にしていると、緊張や不安は一層色濃くなります。

僕自身、今のような活動を始めた当初はそういう場面がたくさんありました。でも、緊張や不安が出てきたら、自分の内側に意識を向けて、それらを真っ先に手放す。すると「せっかくだから楽しもう」「来てくださった方に感謝を込めてお話ししよう」などと意識が変化し、自分の波動が変わることになります。

人の目を気にして、「この状況をなんとかしなきゃ」と対処に走ったり、「人からこう思われたい」という他者目線の在り方を追っていく限り、どんどん深く眠ってしまうので、自分の内側に意識を向け続けることが何より大切になります。

Special Message

今日やってみること

心惹かれるものに動こう！
それは魂からのGOサイン

今日は「こひしたふわよ」の「ひ・惹かれる」にフォーカス。心惹かれるものに素直に動いていくあなたに、僕からエネルギーを送ります。

「惹かれる」は、目に入ってきただけでポジティブな感覚が湧いたり、不思議と気になってしまう感覚とも言えます。それは魂からの純粋な声です。惹かれるに従っていくほど自分の本質に繋がって、本当の意味で、あなたは幸せになります。

特に迷いがある時は、メリットや理由がなくとも、惹かれるものを選択することで、ブレない軸で本当の自分の道を進んでいくことができます。

「よくわからないけど惹かれる」という感覚を大事に行動してくださいね。

幸せと豊かさ

今日やってみること

お金を払う時は、
グリーンの光のエネルギーで
包んで渡す

お金をワクワクしながら使っている？

「豊かさ」を引きつけるグリーンの光のエネルギーを使うことを習慣にしてみましょう。

　たとえば、お金を払う時やクレジットカードを出す時、誰かにプレゼントをする時などに、それらの周りをグリーンの光で包んで相手に渡します。すると、そのエネルギーが豊かさとなって、自分に還元されます。

　簡単なワークですが、「お金が減った……」というような不足の意識からも離れることができ、「与えたものを受け取る」という宇宙の法則に純粋に従うことができるようになります。

　自分が与えれば与えるほど豊かになることが腑に落ちると、欠乏感や不足感が消えていきます。豊かさが自分に返ってくることを楽しみにワクワク待つことができるでしょう。今日はどんなワクワクが返ってくるでしょうか。

ルーツと繋がる

今日やってみること

神社では、
自分の神聖さを思い出し、
神様に感謝をする

神社で願い事ばかりしていない？

本来の神社に行く目的は、「自分という存在の神聖さを思い出す」ためです。

神社の拝殿には鏡があります。手を合わせるとあなたの姿が映ります。自分という神に手を合わせることで、内なる神聖さを思い出させてくれる。そのことに感謝します。同時に、自分とは違う形で存在する神に対する敬意と感謝の気持ちも表現しましょう。

たとえば、氏神神社や産土《うぶすな》神社の神様は自分が住む土地や、そこに住む人を守ってくださる「土地の守護神」ですから、「この土地や私たちを守ってくださり、ありがとうございます」という気持ちをお伝えするとよいでしょう。

神社で願い事はご法度という話ではなく、感謝をするだけでちゃんと神様と絆ができ、必要なタイミングで様々なサポートを受けることができるのです。

季節に沿った暮らし

今日やってみること

自分にとってのパワースポットを探して、定期的に訪れる

季節のパワースポットを楽しんでいる？

パワースポットと言われる場所へ行くと、気分がリフレッシュされて、細胞レベルで浄化され、波動が上がります。名だたるパワースポットではなくても、自分が心地よく、落ち着いたり、元気が出ると感じたりする場所は、あなたにとってのパワースポットになります。そこは近所の神社かもしれないし、散歩で訪れる公園の大きな木の下かもしれません。

季節が変わると同じパワースポットでも受け取るエネルギーはまるで変わります。日本は季節の移ろいが実に豊かです。それは僕たちがこのタイミングで日本に誕生したことで日常的に体験でき、なおかつ自然の豊かなエネルギーを吸収できるスペシャルな機会です。

あなただけのパワースポットを見つけて季節の変化を感じる楽しみをたくさん見つけましょう。直感や感性が高まり、人生がより豊かになっていきます。

自分と一致

今日やってみること

しっくりこないことには「NO」と言う

自分の気持ちを本気で大切にしている？

本当の自分に集中して生きるようになると、周りの人が嫌味を言ったり、変化したあなたに戸惑ったりするのを見て、迷惑をかけているのでは、と気にする人がいます。そもそも外に見える現象だけですべてを理解しようとすることが、罠だと気づいてください。

　これまでだったら自分を抑え込んで、人に合わせていたとしても、自分の本心が「ＮＯ」なら、勇気を持って「ＮＯ」と言ってみましょう。

「お世話になった人だし」と本当の気持ちを抑え込んでいたら、いつまでも本当の自分と一致して生きることはできません。同意できないことに「ＮＯ」と言うことは、自分には「ＹＥＳ」を出していることになり、そのぶん「本当の自分」とどんどん一致していきます。その先には「ＮＯ」と言う必要のない現実がやってきます。これは僕の経験からもお伝えしたいことです。

最高の人生

今日やってみること

興味がなくなったことはすぐにやめる。いつまでも義務感で続けない

“ゴリ押し上等！”な在り方をしていない？

僕たちは、「決めたことはやり通す」「計画通り成し遂げる」「始めたら最後までやる」など、自分が1ミリも関心がなくなり、楽しさを感じられなくなったとしても「やるべき」というゴリ押しの在り方を美徳としてきました。しかし、興味がなくなったのなら、それが1回で終わろうが、1か月で終わろうが、OKを出しましょう。もはや、あなたのやることではないからです。

「本当の自分」が望む感覚を大切にしようと思うなら、関心を持っていないことは、潔く終了する。途中でやめてしまう申し訳なさを感じるならそれを手放すだけ。新たな興味・関心を持った先に向かってワクワクしながらトライしていけばいいのです。それが自分の本質に繋がり、最高のストーリーを創造していく人の在り方です。僕も「やるべき」と思ってやっていた整体師をすっぱりと辞めたから、今があるのです。

宇宙のエネルギー

今日やってみること

ネット環境を浄化して、自分をプロテクトする

ネット上の人間関係に疲れていない？

ＳＮＳをはじめ、会議や講演がオンラインで行われる機会が増え、ネット上の繋がりはリアルを凌駕し始めています。便利な反面、玉石混交《こんこう》の情報も多く、ネガティブな情報を受け取って、不安を感じたことがある人もいるでしょう。そう感じたら手放せばいいのですから、ネット上の繋がりを恐れる必要はまったくありません。ただ、その影響を和らげるために、ネット環境を浄化して、自分をプロテクトするとよいでしょう。

　自分の身体の周りを青みがかったバイオレットの光で包みます。みぞおちに意識を置いて「私は安心安全な状態で目の前のスマホやＰＣを見る」と意図します。繋がっているネット網、ネット回線すべてを浄化する紫の光が、ＰＣやスマホを通してネットの繋がりすべてに広がっていくイメージをしましょう。

完全な手放し

今日やってみること

「手放し」が
上手くいかない時は、
ネガティブな感情を
感じ尽くして、手放す

ネガティブな感情に抵抗していない？

ネガティブな感情を手放すことが上手くいかない理由の一つに、その感情を嫌うために、受け入れることへの抵抗が生じることが挙げられます。

手放すとは、「その感情を受け入れることへの抵抗を手放し、すべてを受け入れる」ということだからです。たとえば、「恐怖」の手放しは、「恐怖」への抵抗を手放して、「恐怖」を受け入れること。それによって恐怖の支配から抜け出すことになります。でも無意識に抵抗が出て、受け入れを拒否すれば、手放しができない、となるのです。そういう場合は、恐怖を感じてもあえて手放しをしない。「恐怖を感じているな」と認めて、飽きるまで「恐怖」に浸りきってください。すると、「あれ？　怖くない。恐怖が消えた？」となる時が必ずやってきます。つまり、抵抗せずに感じきることで、その感情は自然に統合されるのです。

目醒めの加速

今日やってみること

「直感」を、「能力」として機能させる

直感を当たった、外れたのゲームにしていない？

本来、理論的に考えるよりも、直感を信頼し行動するほうが遥かに叡智に溢れています。

自分の直感を「当たった、外れた」とゲーム感覚で楽しむのもいいのですが、それでは単なるラッキーで終わってしまい、当てずっぽうの域から抜け出せません。直感を「能力」として換算できると、自分にとって最高・最善を常に選択する能力として養われます。

直感を鍛える一番簡単な方法は、折に触れて直感を使う習慣をつけることです。たとえば、「エレベーターには何人乗っているかな」「次に通る車は何色かな」「どの席が次に空くかな」と結果を想像します。

その通りになった時、「当たった」と捉えずに、「わかった」と自分の感覚を通して捉えたと認識する。そういった経験を重ねていくと能力として磨かれます。子どもが遊ぶように楽しみながら、続けてみてください。

自分と一致

今日やってみること

気分がグンと上がる
〝テーマソング〟を聴いて、
自分を盛り上げる

下ばかり向いていませんか？

「こひしたふわよ」が板に付いて、「本当の自分」と一致すると、自然と鼻歌が出たり、足取りが軽くなったり、背筋もピンと伸びるなど、活き活きし始め、波動も上がり始めます。たとえば、自分のテーマソングを決めて、その曲を聴いたり歌ったり、ハミングすることで同様の効果が得られます。音楽によって「本当の自分」に一致してパワフルに前進していく方法です。朝起きた時やアラームに設定してもいいですね。「自分を盛り上げていこう！」という意識はとても大切。「やる気が湧く」選曲をしましょう。僕はクラシック音楽をよく聴きます。また、実際に歌うことは、喉のチャクラが活性化するので、豊かな自己表現もできるように。ハミングは脳の緊張を取り、脳波を整えてポジティブな感情を喚起しやすくします。シチュエーションによって曲を変えてもよいでしょう。

宇宙のエネルギー

今日やってみること

「風の時代」の導き手。
アセンデッドマスター、
セントジャーメインと繋がる

マスターを奉っていない？

すでにアセンションし、目醒めた存在であるアセンデッドマスターと繋がることは、本格的に目醒めの道を歩み始めた僕たちにとって、大きなサポートになります。彼らは僕たちが今辿っている行程をよく理解しているからです。

すべての価値観がひっくり返る転換期「風の時代」は、セントジャーメインが特に力を貸してくれるでしょう。「セントジャーメイン、私の元へ来てください」と呼びかければ応えてくれます。

セントジャーメインに限らず、高次の存在を殿上人《てんじょうびと》のように崇める意識は手放しましょう。あなたは創造主なのですから、マスターの意識もあなたの一部です。「アセンションの先輩」というような近しい意識で、外に呼びかけるのではなく、ハイヤーセルフと繋がって自分の内側から高次の存在と繋がる意識が大切です。

愛と調和

今日やってみること

自分をどんどん許して、
新しい地球に
本格的に移行する

すべては自分から始まることを忘れていない？

　過去の嫌な思い出や許せない相手の顔がふと蘇ってくる経験はありませんか。それは、「この周波数を完全に手放して」というハイヤーセルフからのサイン。相手を許すためには、まず自分を許すこと。「自分を許せない」ので、それを「相手を許せない」という考えで投影しているからです。「自分が許せない」というのは、後悔や罪悪感によって自分を責め続けているとも言えます。

「自分を許す」ワークをしてみましょう。

「私は、自分を許し受け入れます」と意図します。今までの自分を目の前にイメージします。一度息を吸い、息を吐くとともにその映像が薄れていくのを見ます。最後に強く息を吐ききると、今までのあなたは光の粒となって消えていきます。そうしたら、一つ深呼吸。

　自分を許せば許すほど、あなたはどんどん前に進んでいくことができます。

自分と一致

今日やってみること

「本当はどう思う？」
自問自答を習慣にして、
本質としっかり繋がる

自分ファーストで生きていますか？

古い地球は眠りの世界でしたから、自分のことよりも他人を優先することがナチュラルでした。なので、新しい地球へと向かう最中、自分にベクトルを向けて生きていこうとすると、「自分勝手なことをしているのでは？」と思ってしまう人がいますが、大丈夫です。

なぜなら、「本当の自分」、つまりハイヤーセルフという僕たちの本質こそが、すべてと繋がっています。他人を優先してばかりいると「本当の自分」から離れて、結局、誰とも真に繋がることはできません。さらにお伝えすると、都合よく使ったり使われたり、メリットがある間だけ付き合うというような「奪い・奪われる」エセの人間関係から抜け出せなくなります。

まずは、どんな時も「本当はどう思う？」と自問自答する。自分の気持ちに寄り添っていくと、本当に心地よい人間関係にアップデートされていきます。

目醒めの加速

今日やってみること

ネット上の人間関係の
繋がりを見直す

山ほどのメールアドレス、全部必要？

パソコン内のデータ整理をおろそかにしていませんか。特に人間関係を円滑にしたいなら、何年も連絡を取らずにいる人のメールアドレスや、不要なメールは削除しましょう。何年も連絡をしていない人のアドレスを取ってあるのは、「もしかしたら……」という期待や「何かあったら困るかも」という不安があるのでは？　そう気づいたら、さっそく「手放し」です。

ネット上の繋がりも見直しましょう。読まなくなったメルマガの読者登録、ＳＮＳのフォローやＬＩＮＥの友だち登録など、知らないうちに増えたあいまいな繋がりが波動を上げる足枷に。「あいまい」という不明瞭な状態をクリアにするのです。本当に自分に必要なものを見極めて不要なものは溜め込まない。目に見えないエネルギーを意識して軽やかにいることが現実創造のスピードアップにも繋がります。

宇宙のエネルギー

今日やってみること

問題解決も、願望成就も
宇宙にお任せする！

自分の頭でなんとかしようとしてない？

僕たちの小さな頭で考えられることなんて、たかが知れています。答えが出ないような現実に悩みまくって波動を下げるより、宇宙にお任せして、自分は「1ミリでも波動を上げる」ことに集中したほうが、最善の道へと導かれます。

「どうしたらいいかわからない」と思考がドツボにハマった時は、こんなふうに宇宙に伝えましょう。

プラチナシルバーのフィールドに立ち、宇宙空間をイメージします。「どういう形かは、わからないけれど、私が〇〇（悩みの解決など）を得るための方法はすべて宇宙にお任せします」と意図します。

「どういう形かは、わからないけれど」と付け加えるのが大切です。宇宙に全信頼を置くという思いが、宇宙からあなたに最善・最高をもたらす秘訣なのです。

Special Message

今日やってみること

「しっくりくる」感覚で、
「本当の自分」と深く
共鳴する

今日は「こひしたふわよ」の「し・しっくりくる」にフォーカス。自分と丁寧に向き合うあなたに僕からエネルギーを送ります。

「しっくりくる」という感覚を大事にすると、意識をニュートラルに戻すことが容易になります。

たとえば、着る服、座る場所、手にする筆記用具、お風呂の温度など、日常の小さな出来事を適当にせず、「しっくりくる」という感覚を大切に行動します。

「しっくりくる」選択を続けると、自分に対して信頼感が増し、自分が本当に何を欲しているか直感的に気づけるようになったり、自分軸からズレることが少なくなります。ニュートラルな視点で、スムーズに上昇気流に乗っていけるでしょう。

季節に沿った暮らし

今日やってみること

旬の食べ物をいただいて、最高・最善のエネルギーを吸収する

旬を意識した暮らしをしていますか？

旬の食べ物には、その食物が持つ最高のエネルギーが満ちています。なので、積極的に取り入れることで、波動が上がることになるのです。

自然界の旬のエネルギーを受け取ることも同様です。旬の花を飾る、お花見をする、紅葉《もみじ》狩りをするといったイベントも、楽しみながら自然に波動を高めるアクションになります。

旬＝最高・最善のエネルギーとも言えます。そのエネルギーを吸収すると、身体の底からエネルギーが湧いてきて、自分の持つ新鮮な魅力が引き出されるようになります。

旬のエネルギーをいただく時は、僕たちにその恵みをもたらしてくれた地球にも、愛と感謝のエネルギーを送りましょう。

完全な手放し

今日やってみること

「大丈夫だよ」
みぞおちに両手を当て、
自分を落ち着かせてから、
丁寧に「手放し」

早く手放そうと焦っていない？

ネガティブな感情に呑み込まれそうになった時、「これを早く手放したい！」となる気持ち、よくわかります。ただ、自分の感情が波立っている時に忙《せわ》しく「手放し」しても、中途半端な「手放し」にしかなりません。

たとえば、ショックな出来事があり悲しくて涙が止まらない時は、無理に涙を止めようとしない。「泣いてはいけない」と思うほど苦しくなり感情が乱れます。

まずは、みぞおちに両手を当てながら、自分の魂の中心に意識を向けて「大丈夫だよ」と、自分の内側が落ち着くまで声をかけてあげましょう。

感情が穏やかになって余裕が出てきたら、プラチナシルバーのフィールドに立つ自分を想像して、悲しみの感情を手放しましょう。

自分の感情と向き合って、丁寧に「手放し」をすると、「手放せた」という感覚をしっかり感じられます。

肉体の浄化

今日やってみること

起床時、寝る前、入浴の前後にコップ1杯の水を飲む

水分不足になっていない？

僕たちの身体の大部分は水でできています。常に代謝を繰り返し、水を体外へ排出したり取り込んだりしながら、淀まないシステムになっています。

循環し続ける、流れる水は腐ることがありませんが、「淀む水には芥《ごみ》溜《た》まる」で、僕たちの肉体も水分不足が起こると、血流が悪くなるだけでなくエネルギーの循環も滞ります。

「健康のために水をたくさん飲むといい」などと聞きますが、どのくらいの量がベストかは個人差があります。情報に惑されないよう、一日を通して自分がしっくりくる量を感じながら飲むのが一番です。

水分を失いやすい就寝時やお風呂タイムの前後に、コップ1杯の水（白湯でもＯＫ）を飲むようにすると、身体の巡りが良くなり、より健康に機能できるようになります。

最高の人生

今日やってみること

香り、音楽、寝具……。寝る前の時間を穏やかに充実させる

ソファで寝落ちしていない？

良質な睡眠は、最高の人生を創り出すエネルギーです。僕たちは寝ている間、幽体離脱をしてあらゆる次元に繋がります。高い次元に繋がればヒーリングが起こり、翌日にはスッキリと目が覚めて、気持ち良く一日をスタートできます。反対に低い次元に繋がると朝起きても疲れが残って、気分が悪い状態でスタート。

高次元にアクセスする決め手は、寝る前の時間を穏やかに充実させること。入浴、香りや音楽、寝具やパジャマ、照明などを心地よく工夫して気分良く寝るようにします。今日一日の振り返りの感謝もいいですね。

いわゆる「寝落ち」は日頃、良質な睡眠を取れていないためとも言われます。質の良い睡眠は、必要な未来の情報を得たり、未来への準備をしたり、あなたが心から望む現実創造をサポートしてくれます。今夜から少しずつ心地よい環境に変えていきましょう。

今日やってみること

朝陽と夕陽を眺めて、
宇宙の源のエネルギーを
チャージする

太陽の無限のパワーを意識している？

太陽がさんさんと輝くお天気が良い日はそれだけで心地よく、気分が上がりますね。

それは宇宙の源からのエネルギーが、太陽を経由して地球に降り注いでいることと無縁ではないでしょう。太陽の光を浴びると、僕たちは宇宙の源のエネルギーをたっぷり吸収できます。そして、それを意識することで、より多く受け取れるでしょう。

朝陽を浴びて、エネルギーがアップした状態で一日をスタートする。夕陽を浴びて、一日を終え、リラックスした状態で翌日に向けて心身をリセットする。

その時に、太陽の下で、「宇宙の源のエネルギーを受け取る」と意図します。そしてダイヤモンドのようなキラキラした光の粒子が降り注ぐのをイメージしましょう。僕たちにとって無限のパワフルなエネルギーをチャージできます。

肉体の浄化

今日やってみること

化粧水や美容液は
たっぷりと。
お肌と会話しながら
浸透させる

お肌を見てため息ついてない？

スキンケア商品は、肌全体にケチらずたっぷりつけるのがおすすめです。したたるほどつける必要はありませんが、「角質層の奥まで届け～」と細胞のすみずみまで潤すイメージで使いましょう。

細胞の一つひとつにエネルギーをキャッチするアンテナがあり、あなたの声を聞いています。「ウッ、皺が……」などネガティブな言葉やため息は、そういう指令だと受け止めてしまいます。「今日もツヤツヤね」「どんどんキレイになる」「上げていこ～」というふうに、愛情を込めながら細胞と会話するように向き合えば必ず応えてくれます。

そして、化粧水、美容液、クリームなどを重ね付けする時は、とりあえず全部塗ればいいと雑に済まさないこと。1分間を目安に、一つずつお肌に届ける丁寧さが美のエネルギーを高めます。

目醒めの加速

今日やってみること

あらゆることに
意識的になり、
自分にとって
最適な選択をする

無駄を作るのも自分だと気づいている？

本来、僕たちが体験することに無駄なことは何一つありません。

たとえば、高額な英語教材を買ったのにテキストを１ページも開いていない。それを「私ってダメ」と無価値観にまみれて終わりにするか、１週間に１ページでも進めて価値ある学びにするかは、自分しだいです。高い視点に立って行動すれば、無駄なことなど何一つないことに気づきます。

　それは、「無駄遣いＯＫ」という意味とはまったく違います。なぜなら、それは自分の人生に対して全く意識的ではないからです。

　本気で目醒めたいなら、自分の人生に１００％責任を持って生きることが大切です。そうなれば、あらゆることに意識的になり、自分にとってより最適な選択ができるようになります。

幸せと豊かさ

今日やってみること

成功のパラレルのエネルギーを統合する

成功するのは難しいと思っていない？

「仕事のプロジェクトが上手くいきますように」などと成功を願う時、成功しているパラレルは自分の意識の中にすでに存在しています。そのパラレルにスムーズに導かれるワークをしてみましょう。

プラチナシルバーのフィールドに立ちます。広がる宇宙空間を見上げると、たくさんの星が輝いています。ひときわ輝く星はありますか？　それがあなたの望みが叶うエネルギーを持った星です。

カウボーイの投げ縄のような光の黄金の輪を使って、その星を引っ掛けて手に取ります。その星をみぞおちに収めて、ふーっと深呼吸。成功のエネルギーが統合されて、自分を満たすのを感じましょう。

そのエネルギーが成功という現実を映し出すフィルムになります。

愛と調和

今日やってみること

目の前にある物、人との関係を丁寧に扱う

物に八つ当たりしたりしていない？

物との関係、人との関係を丁寧に扱う習慣をつけましょう。スマホ一つとっても、なければ生活がどれほど不便になるか。ポーンと放り投げて置いたりしていませんか。それは物との関係性を改めるチャンスです。丁寧に扱って「ありがとう」と伝えましょう。

ライフラインを整備してくれる人、食料を売ってくれる人、洋服を作ってくれる人など、僕たちの生活は多くの人たちに支えられています。

彼らに直接感謝を伝えることは難しくても、水道の蛇口をひねる時、電気をつける時、感謝の気持ちを持てれば、その純粋なエネルギーは必ず届きます。

何事も「当たり前」ということはありません。どんなことにも感謝できるようになると、人生が真の豊かさで満たされるでしょう。

完全な手放し

今日やってみること

執着を手放して、
最適化の流れに身を委ねる

流れをコントロールしようとしていない？

すべての人間関係、物、事柄などが自分にとって一番良い配置で展開してほしいと思うなら、最適化において最も防げとなる「執着」を手放しましょう。

たとえば、あなたがパートナーとの出会いを求めているとします。でも、婚活アプリや結婚相談所などのサービスではなく、仕事や趣味の延長にあるような「自然な出会い」に執着しているとしたらどうでしょう。

最適化は、簡単に言うと「最も適した形」です。あなたにとっては、婚活アプリこそが最適な形かもしれないのに、執着があると前に進めません。執着によって、あらゆる可能性に精通している宇宙意識との繋がりを自ら閉ざしているかもしれないのです。執着を手放し、大いなる宇宙を信頼し、流れに身を委ねてみましょう。

肉体の浄化

今日やってみること

ぬるめのお湯に
20分程度浸かってデトックス

シャワーで済ませてばかりいない？

お風呂は最高のデトックスタイムです。

おすすめは、37〜40度の少しぬるめのお湯に20分程度浸かることです。シャワーだけより、ゆっくりお風呂に浸かった時のほうが疲れが取れるのを感じませんか。それは細胞に溜まっていたネガティブな感情がお湯に浸かることで浄化されていくからです。

より効果的にデトックスする入浴方法があります。湯船のお湯がまばゆい光でキラキラしているのをイメージします。自分の身体の細胞から、黒いネガティブなエネルギーが光のお湯に溶け出して消えていくのを感じます。深呼吸をしながら行いましょう。

お風呂を出る時は、お風呂のお湯を紫の光のエネルギーで満たすイメージをして、「ネガティブなエネルギーが浄化される」と意図しておくと、次に入る人に影響が及びません。

自分と一致

今日やってみること

**自分の名前を自分の声で
録音したものを聴いて、
本来のエネルギーバランスに
戻る**

外側に意識が向いていませんか？

自分の名前（フルネーム）を自分の声で繰り返し呟いた音源を聴くことは、本来のバランスを取り戻す効果があります。

僕だったら、「並木良和、並木良和、並木良和……」と、静かに読み上げてボイスレコーダーに録音します。それをヘッドホンやイヤホンで聴いてみてください。

多くの人は、録音を通して聴く自分の声が最初は好きではありません。空気振動と骨伝導でいつも聞いている自分の声と違うので、違和感や、恥ずかしさを感じる人もいます。その感情を手放しましょう。

録音した声は、骨伝導がないぶん、エコーがかからない本来の声と言われますが、何度も聴いているとしっくりきて、内側に意識が向き、驚くほどにエネルギーが整います。そのぶん自分に集中できるようになります。思い出した時にでもやってみましょう。

目醒めの加速

今日やってみること

情熱を傾けられることに最優先で取り組む

ひらめいたら72時間以内に行動している？

「これをするといいかも！」という直感やひらめきといった宇宙からのサインには、72時間という賞味期限があります。ひらめいた内容を調べるとか、メモをするだけでもかまいません。フレッシュな状態のエネルギーを行動に移すことによって、具現化や、進む方向がより明確になります。目醒めを決めた僕たちは、地球が変容を加速させる流れの中にいますから、先延ばしにすると情報はどんどん腐ってしまう。つまり、使い物にならなくなるのです。

行動する際は、優先順位をつけて行いましょう。できる限り、自分の人生において重要度が高いものから手をつけることです。人は本来、本当に大事と思うことにしか、情熱を傾けて行動できない生き物です。情熱を持てるものを最優先にしていく習慣こそが目醒めを加速させ、「本当の自分」を生きる道に繋がります。

愛と調和

今日やってみること

地球と友だちのように
会話して、
愛のエネルギーを送る

「地球がかわいそう」と思っていない？

目醒めを選択した地球は、今、僕たちとともに革命級の変化の真っ只中にいます。世界的な金融危機や自然災害は地球がアセンションしていくための浄化現象の一つです。今僕たちができることは、怖れを手放して、地球に愛を送ること。

地球と環境はリンクしていますから、寄付やゴミ拾い、環境に優しい商品を選ぶなど、できる範囲で、環境をクリアにする意識を持つことも大切です。ただ、そこに「地球がかわいそう」という意識があると、哀れみが投影された現象からは抜け出せません。

地球はそんな弱い存在ではないのです。

仲良しの友だちのように地球に接してみましょう。「おはよう」と挨拶したり、会話する感覚です。自然と愛のエネルギーが伝わって協働している実感が湧いてきます。

今日やってみること

「楽しい！」は夢中で
人生を楽しむ感覚。
ストレス発散ばかりは
要注意

今日は「こひしたふわよ」の「た・楽しい」にフォーカス。自分らしい人生を思いっきり楽しむあなたに僕からエネルギーを送ります。

「楽しい」という経験が、安易なストレス発散ばかりになっていないか、確認してみましょう。

たとえば、仕事のトラブルでモヤモヤした時、そのストレスを解消するために、会社帰りにパーッと飲んで、「〝こひしたふわよ〟の『た』に従った。ＯＫ！」としていませんか？　そのごまかしは、「モヤモヤの感情、まだ必要？」というハイヤーセルフからのサイン。本当にしたいことをしていれば、そもそもストレスは起こらなくなるもの。本当の自分の道から逸れていないか、自分を見つめ直す絶好のタイミングです。

季節に沿った暮らし

今日やってみること

年中行事を取り入れて楽しみながら波動を上げる

風習を迷信と決めつけていませんか？

伝統として現在まで引き継がれている年中行事の数々は迷信などではなく、私たちのご先祖が意味があって大切に続けてきた催事です。形は多岐に亘りますが、そのほとんどが厄払いや、神様に感謝を示すことに繋がっています。

たとえば、正月２日を事始めとし、書き初めで新年の抱負を書くことで、改まった節目のパワフルなエネルギーの中で意図を宣言できます。

雛祭りに雛人形を飾ることは、人形に女の子の穢《けが》れを移し、無病息災を祈る儀式の側面があります。

なお、旧暦、新暦のズレに関しては自分がしっくりくるほうに意識を向ければＯＫです。

自分が惹かれる行事は生活に取り入れてみましょう。思い新たにスタートすることができ、波動を上げる良いきっかけ作りになるでしょう。

幸せと豊かさ

今日やってみること

遠くにいる大事な人に浄化と守護のエネルギーを届ける

〈 大事な人にネガティブな波動を送っていない？ 〉

コロナ禍を体験し、僕たちは人と気軽に会うことができないという時期がありました。このような常識を覆す未曾有の体験は、今後も起こるでしょう。

リアルで会えないとしても、エネルギーは時間と空間を超えることを知ってください。

実家の両親、遠方にいる大事な人に会いに行けないような時、「心配だ、心配だ」とネガティブな波動を送っていませんか。「大丈夫、元気でいる」とポジティブな波動を持ちましょう。

そして、大切な人の幸せや豊かさを本当に願うなら、心を落ち着けて、イメージの中でピュアホワイトのキラキラしたエネルギーで相手や、その家を包んであげましょう。浄化と守護のパワーを届けることができます。

留守宅や車、留守番をしている子どもやペットのことが、ふと気になった時などにも使える方法です。

完全な手放し

今日やってみること

嫌いな相手との
エネルギーバランスを
ニュートラルにする

嫌いな相手をモンスターにしていない？

「この人苦手。怖い。嫌い」と相手にネガティブな感情を抱き続けていると、そのエネルギーはどんどん増幅して相手はあなたの中でモンスター化していきます。相手に圧倒されたり、制御不能に感じたりする状態は、そのようなエネルギーの受け方を自分に許しているためです。

　イメージの力で両者のエネルギーバランスをニュートラルに戻しましょう。

　想像の中で嫌いな相手に対して、懐中電灯の光を向けると、ドラえもんのスモールライトのように相手がみるみる小さくなっていきます。米粒サイズになったら、足でプチッと潰して、その上に立つイメージをします。そうしたら、一つ深呼吸。その人のエネルギーの支配から解放され、自由になります。その上で苦手意識や恐怖を「手放し」すると統合はさらに進みます。

ルーツと繋がる

今日やってみること

家、土地、会社、家族……。
「自分の居場所」という
執着を手放す

家や地元に執着していない？

住み慣れた家や代々続く土地、地元という意識など、自分の居場所に愛着を感じて、ご縁に感謝したり地域貢献をしたりする気持ちは、ご先祖にとっても嬉しいことでしょう。ただ、土地や家に執着がある場合は、目醒めの上では妨げになります。なぜ執着が起きるかといえば、居場所を失う恐れを持つ人が多いからです。

家もやがて古くなるし、家族構成も変わる。気が変わるかもしれないし、天変地異もくるかもしれない……。「持ち家か賃貸か」の問題でもなく、自分がどのような在り方で生きるかを先に決めることです。

居場所を失う不安が真に手放された時、あなたは自分の意識しだいでどうとでもできることが腑に落ちて、どこにいても、どこに住んでいても、自分と一致した人生を創っていくことができます。

愛と調和

今日やってみること

誕生日は、
自分で自分を
スペシャルにお祝いする

自分でお祝いするのを忘れていない？

誕生日は、自分の人生をスタートした〝新生〟のエネルギーが満ちた一日です。

その日は宇宙が、あなたに祝福のエネルギーを注いで、人生がよりハッピーに活性化するよう応援してくれています。新たな自分に生まれ変わることを意図し、再スタートを切るタイミングです。宇宙からの祝福に満ちたエネルギーを受け取りながら、自分を最大限に認めて、受け止めて、愛する日にしましょう。

自分へのプレゼントを計画して、やってみたかったことをする、ずっと欲しかったものを手に入れるなど、自分はスペシャルな存在だと感じられる演出をして、思いっきりお祝いしましょう。

あなたは、「宇宙から無条件に愛され、認められ、受け入れられている存在」だということを忘れないでください。

目醒めの加速

今日やってみること

苦手な人、ムカつく人……。
「そう思うのはなぜ？」
自分の内側にある
意識を常に扱う

ちゃんと「本当の自分」と向き合えている？

「この人、苦手だな」と思う人はいますか。そういう時は、「なぜこの人が苦手なんだろう」と、向き合ってみると、自分の中に「この人と一緒にいると、見透かされている感じがして怖い」「バカにされているんじゃないか」と怖れていることに気づくことがあります。「自分は無価値な人間だ」という自己否定の周波数を使っている自分に気づかせるために、「苦手な人」という形で現れてくれたと捉える。「本当の自分」と向き合うとは、本来そういうことです。

「この人、苦手。偉そうだし」と相手を批判したり、誰かや何かのせいにしている限り、気づくことはないですし、「眠り」を深めていくだけで、現実はどんな時も中立です。どう感じるかは、あなたの問題です。なぜ苦手と思ったのか。自分の意識を手綱のように自由自在に扱えることが目醒めには不可欠です。

最高の人生

今日やってみること

何かをスタートする時は、
先に波動を上げておく

嫌な気分で一日を始めていない？

目を醒ますとは、どこまでも波動を上げ続けること。

波動を上げるとは、気分を上げ続けることと同じです。

最高の人生のストーリーとは、瞬間瞬間の高波動の積み重ね。何かをスタートする前は、波動を上げることに意識を向け、その流れに乗っていきましょう。

朝、自分が「今日も穏やかで楽しい一日にする」と意図すれば、その日一日がその高波動からスタートしていきます。ちょっと荷が重いと感じる会議や商談などがある時も、気分を上げる好きな香りをかぐなどすれば、ポジティブなパラレルにアクセスしやすくなります。

お気に入りの飲み物を飲みながら幸せな気分で会議の資料を用意したり、ペットの写真を眺めてほっこりするなど、自分にとって簡単に気分が上がる方法をリストアップしておくのもおすすめ。僕は、朝はストレッチをしたり、音楽を聴いて一日をスタートします。

肉体の浄化

今日やってみること

外に盛り塩をして、
玄関に光のカーテンを張る

家の中に盛り塩をしていない？

塩はご神事にもよく使われるように、邪気を払い、場を清浄に整えるなど、浄化のパワーに優れた大自然からのギフトです。

玄関の外に対で盛り塩を置くと、入り口に光のカーテンが立ちます。それが結界となり、家の中にネガティブなエネルギーが入り込むのを防いでくれます。

置き方は、香炉などに天然の粗塩を使って、三角錐の形にした盛り塩を入れてインテリアの一部のようにするのがおすすめです。盛り塩に対してネガティブな反応を示す方もいますので、そこは可愛くおしゃれにしても大丈夫です。その重たい波動を玄関から入れない、残さないための工夫です。

取り換える目安は、邪気を吸った塩は湿り気が増すので、塩の状態を見ながら3〜7日間くらいです。

完全な手放し

今日やってみること

「眠り」を生きる人の中に
自分を見て、
捉えた周波数を手放す

相手を変えようとしていない？

大事な人が深く眠っていて、嫌な目にあって苦しんでいたりすると、助けてあげたくて「目醒め」を理解してもらおうと伝えたくなるかもしれませんが、それは一切必要ありません。余計なお世話です。

「眠り」を選んだ人にも魂の計画があり、それが学びであり成長だからです。

ストレスまみれで辛そうな相手を見て、「以前の自分のよう」と同情や哀れみの気持ちを感じたなら、それを手放せばいいだけ。

相手の中に自分を見て、「ああ、この周波数を使っていたんだな」とニュートラルに捉えましょう。

もし、その人の中に目醒める気があるなら、あなたが「こひしたふわよ」に従って、自分らしく振る舞っていれば、あなたの放つ光を受け取って、周りは自ずと目醒めていくでしょう。

自分と一致

今日やってみること

自分を楽しませて、「なりたい自分」と一致した言動をとる

楽しむことを忘れていませんか？

その時の自分の望みに合わせて音楽や香り、ファッション、食事を選び、楽しむことで、「こうありたいな」という自分に周波数を一致させて、具象化を加速させることができます。

たとえば、ダンディな男性と出会って玉の輿に乗りたい願いがあるなら、映画『プリティ・ウーマン』のテーマ曲をかけながらおしゃれをして出かけてみたり。

ビジネスパーソンのロールモデルがいるなら、その人の仕事の姿勢を取り入れて、「あの人だったらどう考えるかな」、とやってみます。

大事なポイントは、自分を楽しませながら「こうありたい」という対象と一致すること。

すると、自然に波動もモチベーションも高まって、次第に望む状態に近づくことになり、見合った現実を引き寄せることになります。

季節に沿った暮らし

今日やってみること

植物に話しかけながら、「光の水」をあげる

植物の気持ちに気づいている？

僕たちも植物も、同じ源という光から生まれています。僕たちが源の光を思い出し、彼らにその光を与えてあげると見るからにイキイキし始めます。

花やグリーンのお手入れをする時は、光の球をイメージして、植物を包んであげたり、水をやる時に光のシャワーをイメージしながら与えてあげましょう。

「いつもキレイな姿を見せてくれてありがとう」「もっとキレイに輝いてね」というふうに話しかけると、植物は喜びます。音楽を聴いたり、人の気持ちに同調したり、知性があるとも言われていますものね。

その愛や優しさを受け取って、あなたをもっと喜ばせよう、癒やしてあげようとサポートしてくれるようになるのです。植物の持つ生命力や癒やしの高いエネルギーであなた自身はもちろん、場や空間全体の波動も上がります。

目醒めの加速

今日やってみること

「簡単さ」や「シンプルさ」を選んで、「複雑さ」の次元から抜ける

「複雑」と「シンプル」、どちらを選ぶ？

目を醒ますと決めた人にとって、日常にどんな現実が映し出されていても、それは自分が目を醒ますために映し出したものです。人の態度に傷ついた、ムカついたというのも全部、自分が目を醒ますため。そのモヤモヤした周波数を手放すのです。手放すほど、軽やかになるので、考え方が簡単でシンプルになります。

目醒めを覚悟した人の人生は、ドラマチックに争ってみたり、苦労した末に感動の体験をしたり、愚痴といった現実を映し出さなくなります。

あなたは、「簡単さ」を受け入れられますか。「それは難しい」と感じたなら、「簡単さ」や「シンプルさ」を選んでいないだけ。苦労しなければ人生じゃない、と思っているからです。「簡単さやシンプルさを選ぶ」と意図することを口癖にしてみましょう。苦労、難しいという思い込み、制限を手放すことです。

最高の人生

今日やってみること

迷った時は、自分の笑顔が
浮かぶほうを選ぶ

あいまいな選択をしていない？

何か迷いが出た時、それをしている自分をイメージして笑顔が浮かんだり、たとえイメージが浮かばなくてもふわっと光に包まれるような明るい感覚を捉えられたらＧＯサインです。

笑顔の自分の未来とアクセスすることは、ポジティブなパラレルにチャンネルを合わせ、明るい未来とコンタクトを取っているということだからです。

すると自分の波動が変わり、意識が変わります。意識が変わると、脳波が変わります。脳波が変わると、言動が変わります。言動が変わると、目に見える現実が変わります。

「笑顔の自分がいる未来を選ぶ」とは、最高の未来に繋がるものの見方や捉え方、行動の取り方へと生き方そのものを変化させる光の道なのです。

幸せと豊かさ

今日やってみること

相手にしてほしいこと、言ってほしいことは、自分が率先する

不快な出来事を人のせいにしていない？

「私だけ挨拶されない」とか、「もっと違う言い方があるでしょ」と言いたくなるような体験をするのは、「あなたも誰かにそういう言い方をしていませんか？」という宇宙からの問いかけです。

多くの人は「私はしていません！」と言いますが、自分と向き合って深くかえりみることが大切です。

心の中で上から目線で同僚を批判していたり、テレビの中のタレントさんに向かって「くだらない人」などと思っていたとしたら、相手に聞こえていなくても批判の波動は放たれています。それがブーメランのように現象として自分にはね返ってきます。

「優しい言葉がけや、思いやりのある行動をしてくれると嬉しい」。そう思うなら、自分から積極的に、人にそうすること。それが発展的な人間関係を築いていきます。今日はそんなことを心がけてみましょう。

今日やってみること

「コレ（自分）で、
ソレ（外・現実）ね」
指差し確認で、
波動の具現化を
腑に落とす

今日は「こひしたふわよ」の「ふ・腑に落ちる」にフォーカス。「本当の自分」と一致した生き方をするあなたに僕からエネルギーを送ります。

「腑に落ちる」というのは、疑いようがない感覚であり、明確に自分の内側の深い部分で納得する体感を伴うフィーリングです。

「なるほどなぁ」と思ったら、頭での理解を超えて本当に腑に落ちているかどうか、丁寧に確認する習慣を。たとえば、嫌な出来事に遭遇した時は、「自分の波動が現実を創っている」という宇宙の真理を確認するチャンスです。

「コレ（自分）で、ソレ（嫌な出来事＝現実）ね」と、実際に指差し確認をしてみてください。身体を使うと腹落ちした感じをしっかり得られます。

自分と一致

今日やってみること

魂が「本来の位置」から
ズレたら
すぐに波動調整！

些細な違和感を見過ごしていない？

言語化しにくいモヤモヤした気持ちや気疲れなど、居心地の悪い感情を抱いている時、魂は「本来の位置」からズレています。魂が正しい位置にある時は、いつだって心地がいいものだから。自分の魂のズレを感じたらすぐに波動調整しましょう。

自分の身体全体を包むような、大きな光の球体をイメージします。「本来の位置」と一致しているならば、球体の中心は自分のみぞおちにあり、違和感がありません。

でも、ネガティブな感情の時は、球体が前後左右いろいろな方向にズレていて、しっくりきません。そのズレを捉えて、「魂の中心がみぞおちに一致する」と意図します。そうして、一つ深呼吸。ニュートラルな意識に戻ることができます。

肉体の浄化

今日やってみること

手を洗う時は、「手首」からしっかり洗う

手を大事にしている？

何気なく身体のどこかに手を当てて、自分自身を癒やしている時ってありませんか？

僕たちの手には、癒やしを司るパワーがあります。

手を合わせて合掌することは、陰と陽のエネルギーを統合する形でもあります。手をこすり合わせて心を落ち着かせる仕草は、無意識のうちにニュートラルな状態を創り出しているのです。

その手と腕を繋ぐ「手首」は、重要なパーツです。手首をエネルギー的に見ると自由を意味します。手首が不自由になると人は、たちまち行動が制限されます。手錠はその象徴のようなものです。

手と連携してよく動く箇所でもあり、さまざまな物に触れてネガティブな波動が溜まりやすい場所でもあります。手を洗う時は手首までしっかり洗って、不要なエネルギーの侵入を防ぎましょう。

季節に沿った暮らし

今日やってみること

「断捨離」で身の回りと感情をクリアリングして、受け皿を広げる

大掃除は年に１回だけですか？

二至二分の季節の変わり目は、簡単に言えばエネルギーの変わり目です。フレッシュな高次のエネルギーを目いっぱい受け取るためにもクリアリングして自分の受け皿を広げておきましょう。

物理的な部分で、徹底的に断捨離して、身の回りをクリアにするのは特におすすめです。

最近は、不要なものを、フリマサイトなどに出品する人も増えています。それも結構ですが、本当の意味での断捨離は、人に譲るより、言葉にあるように、「捨てる」です。譲ってしまうのは、「捨てるのは惜しい」「損したくない」という執着や、捨てることへの罪悪感があるからではないでしょうか。

そこに気づいたら「手放し」をして感情のクリアリングも一緒にしていきましょう。思い切って捨てるという選択ができるかもしれません。

愛と調和

今日やってみること

目の前の食事に
感謝しながらゆっくり食べる

食に罪悪感を持っている？

食べ物の中には、波動が低いものが確かにあります。でも有機野菜のみを取り入れるのも、コストがかかったりと、難しい場合もあるでしょう。

そんな時は、目の前の食事に感謝しながらゆっくり食べること。それが一番簡単に食べ物の波動を上げる方法であり、身体の負担を減らすことができます。

また、「全部食べたら太るかも」と罪悪感を持ちながら食べないことも大切です。「罪悪感」を手放す。そして、「必要な栄養素だけを取り入れます」と意図し、口に入れた瞬間に光に変わるイメージをすると、最善の形で食材を消化吸収することができるようになります。

目醒めの加速

今日やってみること

クリスタルをそばに置いて、
波動を共振。
宇宙レベルの
「純粋さ」を保つ

波動バランスを意識していますか？

クリスタルは、僕たちの波動を高いレベルへと導いてくれる役割を持っています。クリスタルの精妙なエネルギーは宇宙の「純粋さ」の現れです。

生活の中にクリスタルを積極的に取り入れる習慣を持つと、自分の波動が落ちた時に、その高い波動に共振して回復しやすくなります。

クリスタルを部屋に置いたり、お守りのように身に着けるのもいいですね。ＹｏｕＴｕｂｅなどでクリスタルボウルの音を聴くことでも、本来の自分に合った波動に調整できます。

ぼーっとその音に身を委ねて、自分の周りにまとわりついている低波動の真っ黒な塊がパラパラとはがれていくイメージをしてもＯＫ。クリスタルのようにキラキラと輝く本来の自分になったら最後に一つ、深呼吸しましょう。

幸せと豊かさ

今日やってみること

お金は「感謝」の
エネルギーに乗せて使う。
「不足」の意識は使わない

お金をしぶしぶ使っていませんか？

「感謝」は宇宙の最高のバイブレーションの一つです。

「感謝」の気持ちを持って行動すると、現実化のパワフルな燃料になります。

たとえば、「金は天下の回りもの」と言うように、あらゆる人のところを旅人のように巡っています。

「お金さんのおかげで買い物ができるよ、ありがとう」「お友だちを連れてまた帰ってきてね、ありがとう」というふうに感謝のエネルギーに乗せて送り出してあげると、あなたは世界中に「感謝」という最高のエネルギーを循環させることができます。「自分がお金だったら……」と考えて、またあなたのところに戻りたいと思うように接するのです。

お金を使うたびに、「あっという間になくなる」「高いなあ」と「不足」を意識しないことも、豊かさが集まるコツ。支払いをする時は、自分の気持ちの確認を。

最高の人生

今日やってみること

不得手な家事は、
〝楽しもう〟と「意図する」

24時間暮らしを楽しんでいますか？

僕たちの日常には家事などのルーティーンがたくさんありますが、つい「めんどくさい」「かったるい」となりがちです。それをルーティーンだからこそ、楽しみましょう。毎日、波動を高いレベルでキープする助けになるからです。

「嫌だな、あれやるの」と思う、今からする行動をはなから「嫌い」「めんどくさい」という意識から入ると、ネガティブな波動は最後まで続きます。

どうすればいいのか？　不得手な家事や、めんどうな行動も、「楽しもうと意図する」ことが大切。「いかに楽しむか」に意識を向けると、意識が変わります。たとえば、「料理は好きだけど、片づけがめんどう」と思っているなら、「お皿を洗った後の、スッキリしてご機嫌な自分」をイメージすることで、その周波数に見合った現実が創られていきます。

自分と一致

今日やってみること

「本当の自分」と一致した波動の上げ方をする

自分が何を求めているかわかっている？

「スッキリしたい」「元気になりたい」「癒やされたい」などと、ふと感じることはありませんか。

それは、何かの理由で波動が落ちているサイン。自分が今どういう気分で、何を求めているか。それに合わせた波動の上げ方をすることです。

傾向として、「スッキリしたい」と思うのは、ネガティブな周波数を無意識に溜めている状態。「元気になりたい」と思うのは、肉体が疲労していることが多い。「癒やされたい」と思うのは、何かしら自分の内側に傷を負っています。

ネガティブな周波数も、肉体の疲労も、心の傷も「手放し」することができます。同時に、たくさん寝たり、音楽を聴いたり、温泉に入ったり、ペットと遊ぶなど、「本当の自分」と一致した波動の上がる行動を取ると、スムーズに波動が回復します。

宇宙のエネルギー

今日やってみること

星空から調和のエネルギーをチャージする

意識のケアを忘れていませんか？

疲れが溜まり、どうにも元気が出ないような時はありませんか。人類は新しいサイクルを迎え、長きに亘る〝闘い〟の歴史を終わらせようとしています。その過程において、自身の内側にある葛藤や未消化な思いと闘い続けることでエネルギーを消耗しきってしまう。それが最高の人生を生きる妨げになっている場合があります。僕たちは、宇宙という源の分身であり、調和のエネルギーそのものです。そのことを確認するためにも、星空から定期的に調和のエネルギーをチャージしましょう。

　自分の内側に「調和のエネルギーは何色？」と訊いてみます。その色のエネルギーが星空から降り注いであなたを満たすイメージをしましょう。調和のエネルギーで満たされれば、肉体も癒やされ、疲れにくくなるだけでなく、孤独感も小さくなっていくでしょう。

完全な手放し

今日やってみること

深い「眠り」の人と
会話をしたら、
ひたすら手放す。
別のことを考えてもOK

「眠り」を選択した人に同調していませんか？

「眠り」を選択した人と会話をすると、「目醒め」を選んだあなたは、その複雑さに気づくようになるでしょう。たとえば、深い「眠り」の人が寄ってきて会社の愚痴や、政治・社会情勢を嘆いていたとします。

あなたができる最善策は、それを聞いて出てくる感情をひたすら手放すことです。その次元を超えると、たとえ誰かが目の前でワンワン泣き始めても、意識はまったく別の次元にいるので、その意識で目の前にいる人と軽やかに接することができるようになります。

僕もあなたも、深い眠りを経験してきています。それを踏まえた上で手放し続けることで、どんなに深い眠りの人が寄ってきても、一切その影響を受けないところまで上がっていけるのです。それがいつも自分で創り出していた次元から抜けていくという基本です。

幸せと豊かさ

今日やってみること

お金も財布も
愛のエネルギーでケアする

ボロボロの財布を使っていない？

財布は、お金の居場所でありホテルのようなもの。お金にとって居心地のよい環境を整えてあげることは、「豊かさ」を引き寄せる習慣の一つになります。

できる範囲で、自分が気に入って大切にしたいと思える財布を選ぶことです。

窮屈にならずゆったりした大きめの財布は、「豊かさ」のエネルギーが巡りやすくなります。財布の気持ちになれば、レシートやポイントカードでぎゅうぎゅうにされたら、「これ以上、何も入りません！」となって当然です。つまり、お金が入ってこなくなるということ。いかなるエネルギーも動けるスペースがないと停滞するという特徴があります。メンテナンスを心がけて、お金も財布も宇宙最高のエネルギーである愛を持って大事に扱うこと。その反映としてすべての「豊かさ」のエネルギーがあなたへと流れ込んできます。

肉体の浄化

今日やってみること

「光の呼吸」で睡眠中に
浮上してきたネガティブな
感情を浄化する

寝起きの嫌な気分を引きずっていない？

朝起きた時、悪夢を見たわけでもないのに、なぜかモヤッとして嫌な気分になることはありませんか。良質な睡眠が取れなかっただけではなく、寝ている間に、潜在意識に潜んでいたネガティブな感情が浮上してくるからです。そんな時は、ベッドの上で「光の呼吸」をしてバイブレーションを浄化しておくと、意識がニュートラルになり、一日の流れがスムーズになります。

自分がホワイトゴールドの光に包まれているのをイメージします。その光を吸ってネガティブな感情を黒い煙で吐き出します。吸う時も吐く時も「1、2、3、4」と同じ長さをカウントすると波動が安定してきます。できるようになったら、8回ずつのカウントもしてみましょう。自分の内側が光でいっぱいになったと感じるまで続けます。黒い煙は光に吸収されて消えていきます。

完全な手放し

今日やってみること

「今までありがとう。
この周波数は
二度と使いません！」
不要な感情を風船に乗せて
感謝で手放す

感謝を持って「手放し」している？

感情の「手放し」をする時は、「それを使うことを完全に終わりにする」と覚悟を決めることが大切です。その周波数のおかげでドラマチックな体験ができたことに感謝しながら手放しましょう。

「今までありがとう。この周波数は二度と使いません！」と意図します。イメージでゴム風船にふーっと、実際に息を吹いて、真っ黒なエネルギーを蓄えながら膨らんでいくのをイメージしてください。それに伴い、身体は透明になっていきます。自分の身体がすみずみまでクリアになったら、風船の口をきゅっと縛り、手を放しましょう。風船はキラッと光って星空に消えていきます。そうしたら、一つ深呼吸。ネガティブな感情は、豊かさと最高の未来に繋がる「目醒めの扉」です。

宇宙のエネルギー

今日やってみること

365日24時間、プラチナシルバーのフィールドに立ち続ける

制限を超える意識を忘れていませんか？

プラチナシルバーのフィールドは、目を醒まそうとする意識たちが使うことができる制限のない磁場です。地球の周りを取り巻き、周りには宇宙空間が広がっています。

プラチナシルバーのフィールドに立つことは、地球の重たい周波数の影響を受けないことを意味します。「手放し」や、僕が提案するワークをする時はもちろんのこと、食事をする時、遊ぶ時、仕事をする時、お風呂に入る時、運転する時、寝る時……。

いつでもどこでも「自分の足元にはプラチナシルバーのフィールドが広がっている」。そう意図すると、最初から波動の高い磁場で行動することになり、パフォーマンスが上がったり、物事が簡単でスムーズになったりします。常に磁場の上にいる状態を意識するようにしましょう。

Special Message

今日やってみること

ワクワクの
上昇気流に乗って
無限の可能性と神聖さに
アクセスする

今日は「こひしたふわよ」の「わ・ワクワクする」にフォーカス。ウキウキと心躍る毎日を過ごすあなたに僕からエネルギーを送ります。

都合のいい時だけワクワクを選んでいませんか？日々の雑務に流されて過ごしがちな人は、立ち止まって目の前のことは本当にワクワクすることだろうかと〝ふるい〟にかけることを習慣にしてください。

好きでも嫌いでもない、どうでもいい感情を選択していたり、妥協や忖度《そんたく》やプライドで本当の自分の気持ちを捻《ね》じ曲げて行動している自分がいるかもしれません。

そう気づいたら可能な限り、自分がワクワクすることを選びましょう。上昇気流に乗り、あなたの無限の可能性と神聖さにアクセスできます。

愛と調和

今日やってみること

抵抗波動を手放して、
調和のエネルギーで
人生を創る

まだ「眠り」のドラマを楽しみたい？

何かを行動に移そうとした時、無意識に足が止まる。「上手くできないかも」と不安が過《よぎ》るような出来事はありませんか。

本当はやりたいのに、年齢やお金、忙しさなどさまざまに理由をつけて行動にブレーキをかけてしまう。それは、抵抗波動を持っているから。それがあるために、摩擦が生じてブレーキがかかってしまうのです。

抵抗波動を手放すと、僕たちはやりたいという思いをスムーズに行動に移していくことができます。それくらいシンプルなことです。

望む現実を手にするために、努力や頑張りは必要ありません。目を醒ましていけばいくほど、願わずして自分が望んでいた現実が、まるで魔法のように現れてくるでしょう。

ルーツと繋がる

今日やってみること

お盆やお彼岸など
習わしを大事にして、
神様やご先祖と
共同創造する

ご先祖の気持ちを汲んであげていますか？

どこにいても自分が意識を向けることでご先祖と繋がれます。そうなれば、お墓参りにしても、お盆やお彼岸、それに伴う古くからの日本のしきたりは、必要がないと感じるかもしれません。実際に、それらは簡素化される流れにあります。

ただ、ご先祖はそのような風習の中で生きてきましたから、ご先祖に敬意を払うという思いから行事に参加することは、ご先祖にも自分にも、愛と優しさを広げるアクションになります。

神棚や仏壇、お墓もですが、それらはアンテナの役目があり、神様やご先祖の依《よ》り代になります。

清浄に保ち、榊や花を手《た》向けるなどして繋がりを大切にしながら、神様やご先祖と共同創造することで、魂の進化・成長を加速させることができます。

肉体の浄化

今日やってみること

洗濯時に、
粗塩を一つまみ入れて
ネガティブなエネルギーを
浄化する

くたびれた下着を身に着けていない？

自分がネガティブな感情を体験している時に着ている洋服や持ち物は、そのエネルギーの影響を受けています。特に、肌に一番近い部分で身に着けている下着類は、より大きく受けることになります。衣類の繊維には、物理的な汚れだけではなく、感情的なエネルギーも入り込むからです。

日頃のケアとしては、洗濯時に、粗塩をほんの一つまみ入れて洗うと、繊維に溜まったネガティブなエネルギーが浄化されます。

また、ちょっとくたびれてきた下着類や靴下は、潔く買い換えて、エネルギー的にもクリアなものを身に着けるほうが、自身の波動を高く保てます。定期的な下着類の断捨離も大切です。

完全な手放し

今日やってみること

他人を
ジャッジしそうになったら、
その瞬間に
「否定」「非難」の
周波数を手放す

「正しさ」にこだわり過ぎていない？

誰しもが自分の中に「正義」を持っていて、自然に「良い・悪い」とジャッジしていることになかなか気づけません。「私の考えは正しい」と自分の「正しさ」にこだわる限り、波動が高まることはありません。「正しい生き方＝波動の高い生き方」ではないのです。

大事な打ち合わせに遅刻してきた人がいて、頭にきたとします。頭にくること自体がいけないのではなく、頭にくるというのは、その前提に「社会人としてあり得ない」などというジャッジが潜んでいて、そのために波動を落としていると気づいていないのです。

まず、「否定」や「非難」など、他人をジャッジしている自分に気づいたら、ひと呼吸置いて、現実のスクリーンから一歩引いて客観視。その居心地の悪い周波数の手放しを繰り返すことで、ニュートラルな意識が定着します。まさに「継続は力なり」なのです。

幸せと豊かさ

今日やってみること

自分にとっての「豊かさ」を
毎瞬感じられる環境を作る

「お金があれば幸せになれる」と思っていない？

僕たちは長い間、資本主義経済というシステムの中で生きてきました。そのため、「お金＝豊かさ」と思い込んでいます。ただ、エネルギーの観点から言えば、お金は「豊かさ」の一つの表れにすぎません。つまり、「お金＝豊かさ」というイリュージョンから抜けるほど、豊かに繁栄していきます。

　自分が「豊かだ」と感じられれば、お金だけではなく、人間関係を含めて、あらゆることが豊かに循環するという真実に、今こそ気づくことです。

　自分が豊かだと毎瞬感じる環境作りをしてみましょう。「インテリアをどんなふうにしたら自分は満たされるか」「どんな服装をしたら豊かだと感じるか」など。自分の「豊かさ」の感覚を丁寧に捉えて満ちる感覚を味わう時間を多く持ちましょう。お金も人間関係もすべてが豊かに満ちていきます。

自分と一致

今日やってみること

常識にポジティブな
疑いの目を向ける

常識に一致させようとしていない？

「こうするのが常識でしょ」という周りの声に違和感を覚えたら、目醒めの合図です。

眠りの意識で生きていた時は、なんとなく流していたことが見過ごせなくなる体験を、多くの人がするでしょう。「常識」と発言した人が間違っているということではなく、「常識」と言われていることが自分にとって心地よいかどうか、ポジティブに疑いの目を向けて、問い直すことが大事です。

たとえば、「3食食べるのが常識でしょ」と言われたら、一日2食の僕としては常識とは思いませんし、「そういう意見もあるね」と捉えます。

正しさではなく、自分にとっての心地よさを選ぶのです。そこから出てくる怖れや不安を手放していくほど、「本当の自分」と一致して光の道を進むことができます。

目醒めの加速

今日やってみること

「瞑想」で自分に意識を集中する

自分に集中して生きていますか？

瞑想は一言で言えば、自分の内側に意識を向け続ける作業です。習慣にすると、「今」や「自分」に集中できるようになり、目醒めが加速します。

波動を高める瞑想をご紹介しましょう。ストレスに強くなり、毎日をよりパワフルに過ごせるようにもなります。

自分の大好きなものを思い浮かべて、意識を向けます。

芸能人でもペットでも絵画や景色、神様、マスターでもOK。そして、ただただ深呼吸を繰り返します。数分でも、長時間でも、心地よい限り続けます。

「好きなもの」は誰にとっても気分が上がるもの。その感覚に浸《ひた》るほど自分は豊かで幸せだと感じられて、自然に波動も引き上げられます。意識を向ける対象が高次の存在であれば、メッセージが降りてくるようなこともあるでしょう。今日は何を対象に瞑想しますか。

最高の人生

今日やってみること

朝起きたら、
「感謝」できることを数える

朝寝坊してバタバタしていない？

朝の時間に余裕を持ち、最高の一日を迎えるセッティングをしましょう！

「感謝」は「愛」と並ぶ宇宙で最も高いバイブレーションの一つです。

朝、目覚めた時、「感謝のバイブレーション」に満ちていると一日を高い波動でスタートできます。

ベッドからすぐに起きず、布団の中で、あなたがすでに持っているたくさんの物事に感謝してみましょう。

「今日も呼吸をして生きていること」「雨風しのげる家があること」「布団が一晩中、身体を温めてくれたこと」「太陽が出て夜が明けたこと」「どんな一日になるかワクワクできること」「隣で子どもが幸せな寝顔をしていること」……。

そして、ベッドで伸びや軽いストレッチをして、意識と身体を目覚めさせた状態でスタートしましょう。

季節に沿った暮らし

今日やってみること

自然界のエレメントと
繫がって、
浄化&グラウンディング

身体に無理をさせていない?

火、土、風、水という自然界のエレメントは、それぞれ浄化のエネルギーを持ち、僕たちの健康レベルを引き上げる助けをしてくれます。それぞれに精霊が宿っていて、意図して触れるとサポートを受け取れます。

自然界のエレメントに意識を向けることは、地球を理解し、真の意味で地球や自然との共生することにも繋がります。

火：あらゆる種類の浄化に優れる。やる気や情熱を持ち、望みを具現化する。

土（木）：肉体の浄化に優れる。グラウンディング。不動心を養う。成長、実りへの発展。

水：感情の浄化に優れる。特に、流れる川の水や塩分がある海は浄化力が高い。

風：考え方のクセやパターンなど思考の浄化に優れる。人生の新しい流れを創る。

ルーツと繋がる

今日やってみること

家族よりも、
自分の魂が喜ぶ道を選ぶ

心から自分は幸せと言える？

家族を大切に思う気持ちは、全人類共通です。しかしそのために、魂の声を抑え込んでいるとしたら、あなたは本当の意味で目醒めることはありません。

たとえば、俳優を志していたけれど芽が出ず、家業を継いだら上手くいった。自分自身一点の曇りなく、「これが真の自分の道だった」としっくりきているなら素晴らしいです。でも「やっぱり俳優をやりたい」という気持ちが少しでも燻っているとしたら……。

目醒めとは、人生が上手くいく、いかないではない。「家族を見捨てるなんて」と捉えるのも眠りの意識です。自分の魂の願いを叶えながら、家業に折り合いをつけていくのも一つの方法。あなたなしでは成り立たない家業なのだとしても、あなたが「本当の自分」と一致して生きていく覚悟が、家族にとってもご先祖も連々と続く共依存から抜け出すチャンスになります。

宇宙のエネルギー

今日やってみること

月の満ち欠けによる
体調変化には、
水分多め＆リラックス

月の影響を「気のせい」にしていない？

新月はこれから月が満ちていく始まりの時期。願い事を意図して放つと拡大のエネルギーに乗って成就しやすくなります。

満月は満ちた月が欠けていくタイミングですから、「手放し」したいことを意図すれば浄化に繋がっていきます。

満月の前後は、エネルギーが大きく動くため、敏感な人は不安定になる場合も。月の満ち欠けのサイクルによって体調の変化が起きてくるかもしれません。

ふとネガティブな感情が反応として出てきた時は、手放しのチャンスと捉えてみましょう。また、水分を多めにとって、リラックスを心がけて。

コップ1杯の水に粗塩を一つまみ入れると浸透力が良くなり、乱れたエネルギーを素早く安定させることができるでしょう。

愛と調和

今日やってみること

会話のやりとりで、否定の言葉を使わない

自分に優しくしていますか？

人との調和を保てない一番の理由は、自分自身と調和が保てていないからです。他人にとやかく言いたくなったら、自分軸からズレている証。調和的な人間関係を築きたいと思うなら、まず自分のバランスを取って、自分軸に戻る意識を持ちましょう。

人に優しくできないのは、自分に優しくしていないからでは？　人を責めるのは自分を責めているのでは？　まずは、すべて自分から。自分に優しい言葉をかけたり、褒めてあげたり、なんらかの形で労《いたわ》ってあげましょう。また、会話のコツとして、相手の意見に同意できなくても「それは違う」などと逐一否定しない。たとえば、「そうじゃなくて」という言葉。これは相手を否定しています。否定のエネルギーは摩擦を生みます。否定をしないで、「私はこう思うの」とストレートに自分の意見から入るだけで会話は穏やかに流れます。

自分と一致

今日やってみること

惹かれるカラーを
ファッションに取り入れる

色のメッセージを受け取っていますか？

普段は赤が特別好きではないけれど、最近惹かれる……。それは、「あなたが赤のエネルギーを必要としていますよ」というハイヤーセルフからのサインです。

お気に入りの色からエネルギーをもらう方法もアリですが、それとは違うカラーに関心を持った時は、特別なメッセージがやってきています。その色を取り入れると足りない部分を補いつつ、自分自身と深く繋がることができます。「本当の自分」と一致して、望む在り方へと進みやすくなるのです。

青：冷静・沈着・賢さ。赤：生命力・積極性・行動力。紫：情愛・優しさ・霊性。黄色：天真爛漫・陽気・感性の豊かさ。緑：調和・癒やし。オレンジ：楽観・前向き・ハッピー。白：純粋・無邪気・ありのあまの自分。黒：自己主張を抑える・ミステリアス。

テーマを意識して過ごし、変化を感じ取ってみて。

完全な手放し

今日やってみること

「手放し↓ポジティブなパラレルにテレポート」を徹底する

過去にしがみついていない？

人類は肉体を脱いだ後（死後）に、生まれ変わると言われていますが、僕たちは今、「生きながらにして一度死ぬ」という奇跡を体験しています。言い換えれば、肉体を持ったまま生まれ変わるという人類にとって極めて貴重なタイミングにいるのです。

それは、過去にあった嫌な出来事とはすべてサヨナラする絶好の機会。一瞬前のことは過去の記憶として過ぎ去っていきますね。それなのに、その過去にしがみつく在り方をしていたら、いくら「新しい自分に生まれ変わりたい」と願ったところで叶わないでしょう。

ネガティブな感情は瞬間瞬間手放して、次の瞬間にはポジティブなパラレルにパパッとテレポートしていく意識を持つことが大切です。

「手放し↓ポジティブな現実を選択」する習慣が生きながらにあなたを生まれ変わらせます。

Special Message

今日やってみること

自分を喜ばせるほど、
宇宙の本質と繋がる

今日は「こひしたふわよ」の「よ・喜びを感じる」にフォーカス。喜びの波動に満ち、宇宙と共同創造するあなたに僕からエネルギーを送ります。

一日一度は自分を喜ばせることを習慣にしてみましょう。

「欲しいものをあげる」「やりたいことをやらせてあげる」「行きたいところに連れて行く」「言われたい言葉をかける」。自分をもてなすように喜ばせると、周波数が上がり、自己肯定感も高まります。

慣れてきたら、周りの人を喜ばせてみましょう。

本当の意味で、人を喜ばせる気持ちが自分の喜びになっていくと、宇宙の本質である愛と調和のエネルギーがさらに拡大していきます。

目醒めの加速

今日やってみること

罪悪感はプラスの行動へと転換

視点を変えてみない？

思想家・中村天風さんの言葉「人生は心一つの置きどころ」が僕は好きです。「現実をどう捉えるかは、自分の心一つ」という意味です。

僕は、「罪悪感」と「無価値観」を古い地球の二大バイブレーションと呼んでいます。多くの人がなかなか手放せない重たい周波数です。ただ、それも捉え方、心の置きどころしだいなんです。

たとえば、「食べ過ぎちゃった」と罪悪感を覚えたら、自分にとってどれくらいの食事量が適量なのかを見極めるための体験だった、と捉えることができれば、罪悪感をプラスの出来事に昇華できます。

落ち込むような出来事をいかにプラスの行動へと導く視点を持てるか。「禍《わざわい》を転じて福となす」という意識に方向転換できると、波動を高め安定に保ちながら、目醒めを加速させることができます。

肉体の浄化

今日やってみること

身体を柔軟に保って、
エネルギーの
循環効率を高める

痛みをこらえてストレッチしていない？

スピリチュアルな学びをしているのに、人生が遅々として進まないと感じる人は、身体のケアを怠っている場合があります。

自分が楽しんで続けられるような適度な運動をして、身体を柔軟に保つように心がけるとエネルギーの循環効率も良くなり、身体と意識がマッチして目醒めも加速します。

身体の柔軟性は人それぞれ。その人なりの柔らかさを保てればいいのです。身体の柔らかい人と比べて、「自分は全然ダメ」と思った時点で筋肉は余計にギュッと固まってしまいますよ。

深い呼吸をしながら、自分の身体がマシュマロになったと、柔らかいものを思い描きながらストレッチすると効果が高まります。

最高の人生

今日やってみること

問題は〝気づき〟を得るためのチャンスに転換

問題に仕立て上げていない？

「問題」というものは自分が問題視しない限り「問題」として機能しません。言い方を換えると、どんなことであれ、あなたが「問題」だと思わなければ、それは問題にはならないのです。では、具体的にどうしたらいいのでしょうか？

それは、「なぜその現実が起きたのか？」と気づきのチャンスにして、問題視しないこと。最悪と言いたくなるような出来事も、「気づきのチャンス」と声に出して言います。

堂々巡りしていた意識に風穴が開き、今までにない視点が現れてくるようになります。そこからの気づきや、直感的に得た情報やアイディアを行動に移すと、「問題」と思っていた現実が、いつのまにか「チャンス」だったことに気づくのです。

幸せと豊かさ

今日やってみること

本当に必要なものには惜しまず、可能な限りのお金を使う

お金を適当に使っていませんか？

自分が本当に必要なものに対しては、可能な限り惜しまずお金を使うと、お金も自分のことも大切にすることができ、豊かな波動を放つようになります。

たとえば、毎月、自由になるお金が3万円だとします。「3万円しかないからできない」ではなく、その中でできる限りのしたいことをするのです。

節約もいいけれど、ケチにはならずできる範囲で自分にとって心地よいものを与えてあげます。

たとえば、週に1回はオーガニック野菜を買ってみようというふうに、無理せずに心地よい選択をしていくと、豊かさのエネルギーが増します。

お金を言い訳にして、粗悪なものばかり自分に与えていたら、本当の意味で豊かさを知ることもなくエネルギーは貧しくなります。見直してみるいい機会ですね。

自分と一致

今日やってみること

自分にとことん関心を持って、波動を上げる

「何をしていいかわからない」となっていない？

目醒めて生きたいと思いながらも、「何をしていいかわからない」「何が好きかもよくわからない」。

そんなふうに自分自身がよくわからなかったり、大事なことを「何一つ自分で決められない」となっていたら要注意。厳しく聞こえるかもしれませんが、「あなたはロボットですか？　ちゃんと生きていますか？」と僕はお訊ねしたいです。

「本当の自分」を生きるとは、とことん自分に関心を持つことです。何が好きで、何が嫌いか。何がしたくて、何がしたくないか。「こひしたふわよ」の一つひとつを自分の中で明確に理解して、少しずつでもいいので波動を上げながら生きていく。繰り返しお伝えしていますが、それが真に自分を愛するということであり、「ハイヤーセルフ＝本当の自分」と一致して生きるという意味なのです。

完全な手放し

今日やってみること

「心地よいか否か」。そこだけを捉えて、不快な感情はすべて手放す

感情を言葉で捉えることにこだわっていない？

僕たちは言葉を介して思考していますから、「手放し」をする時、出てきた感情を言葉で表して、「〇〇を手放す」としたくなるかもしれません。しかし、長年「眠り」の意識で生きてきた僕たちの感情は複雑でしたから、言葉で言い表せない感情もたくさんあります。たとえば、「この感情は恐怖？　それとも不安？両方？」というふうに言葉に囚われると埒があかなくなります。大切なのは、出てきた感情であれば言葉に当てはめるのではなく、不快な感情を手放すことです。「心地よいか否か」そこだけを捉えて、不快な感情はすべて手放すというシンプルさを選びましょう。

的確な言葉が浮かばなければ、「この不快な感情」「このモヤモヤ」、モヤモヤさえもわからなければ「これ」と表現すればＯＫです。要は、自分がわかっていればいいのです。

おわりに

僕たちは、２０２２年の冬至にアセンションゲートを超えて、その先へと一歩を踏み出しました。

それは、僕たちが一度死に、生まれ変わったことを意味します。

今までのあなたは「前世」になりました。今のあなたは生まれ変わったあなたです。だからこそ、「ここからが本番なのだ」と、今一度、落とし込んでください。

これから本当に多くの人が、自分の人生を本当の意味でスタートさせ、想像を超えた人生の高みへと飛翔していきます。

２０２８年頃までは、まさに大激動、大激変からの建て直しというカオスな流れを体験するでしょう。古い地球の常識はガラガラと音を立てて崩れていきます。それはもう一度、元の統合されたワンネスの状態に戻っていく、解体と再生のプロセスそのものです。

今、僕たちは、新しい地球を生きる意識として相応《ふさわ》しいかどうかの試験を受けている状態とも言えます。

あなたの本気度をテストするために、忘れたい過去やトラウマの記憶が何度も蘇ってくることもあるかもしれません。でも、このタイミングで何度も浮上してくるのは、あなたにその感情と永遠に決別して先に進んでほしいからです。

今起こったことではない、過去に起きた記憶にずっと支配され続けて生きたいのか、そこから解放されて「本当に最高！」と思える愛と調和に満ちた世界を生きたいのか。自分に訊いてみてください。

辛い記憶に支配され続けたい人はいないでしょう。しかしその時、「私は最高の人生を生きる」と選択しても、何度も辛い記憶は蘇ってくるでしょう。そのたびに、ネガティブな感情は手放して、「最高の人生を生きる」と何度でも意図し続けてください。最高の人生を選択し続けてください。

あなたの大切な人生です。あなたが選択し直せば必ず変えていけます。

僕は、前作『次元上昇する魔法の言葉１１１』と同様に、執筆した原稿を胸に抱き、あなたの完全性にフォーカスして、シャッフルしました。僕たちは誰しもが生まれながらに完全な存在です。自分で選び取った黄金の光の道を進んでいけます。

そのためのサポートとして、最適なタイミングで必要な行動のメッセージが届くよう意図しています。

今、僕たちには、ついこの前まで不可能だと言われていたことが、できるようになる、そんなパワフルなエネルギーの追い風が吹いています。自分を極めるために、魂の声に従って行動する時です。

銀河人類として進化・発展した意識として、新たな地球の新たな文明を楽しみながら創り出していきましょう。

あなたの最善・最高を、いつも心からお祈りしています。

並木良和

（巻頭カラーページの撮影）
◎Photo・本多 元／「宇宙意識を使う」「高い波動の電波塔になる」
◎並木良和／「抜ける空」「自分軸」「本質の輝き」「不動心」「豊かな時間」
「リラックスの達人」「お気に入り」「それぞれの場所で輝く」「至極の贅沢」

ブックデザイン……bookwall
編集協力……林 美穂
イラスト……宇田川一美
校正……あかえんぴつ
DTP……荒木香樹
スペシャルサンクス……オフィス並木
編集……清水静子（KADOKAWA）

並木 良和（なみき よしかず）

「本当の自分」に一致して生きるための「統合（LDLA）」を伝え、本来の人間が持っている能力や生き方、そして「目醒めた状態で人生を謳歌する在り方」を、自らの体験を通して国内外を問わず世界中に教示している。現在は、人種、宗教、男女の垣根を超えて「目醒め」の招待状を届ける活動とともに、高次の叡智に繋がり宇宙の真理や本質である「愛と調和」を広めるニューリーダーとして活動。即日満席となる講義やワークショップ、セミナー、スクールの開催を活発に行う。抜群のわかりやすさと、その「人間性」から大勢の人を魅了し、師事を熱望する人が多方面に亘る。

著書に『みんな誰もが神様だった』（青林堂）、『あの世がしかける、この世ゲーム』（サンマーク出版）、『目醒めへのファイナルメッセージ』（ビオ・マガジン）など多数あり、いずれもベストセラーに。『次元上昇する魔法の言葉111』は発売前重版、『次元上昇する魔法の手帳2023』は完売するほど大人気に（いずれもKADOKAWA）。また、2021年、2022年と連続で12月冬至に両国国技館にて単独イベントを行い、5,000人のチケットは完売。オンラインでも世界各国から5,000名超の方々が観覧するほどの人気である。

次元上昇《じげんじょうしょう》する魔法《まほう》の習慣《しゅうかん》111

2023年3月21日　初版発行
2024年9月 5 日　4 版発行

著者　並木良和《なみきよしかず》
発行者　山下直久
発行　株式会社KADOKAWA
〒102-8177　東京都千代田区富士見2-13-3
電話0570-002-301（ナビダイヤル）
印刷所　大日本印刷株式会社

●お問い合わせ
https://www.kadokawa.co.jp/（「お問い合わせ」へお進みください）
※内容によっては、お答えできない場合があります。※サポートは日本国内のみとさせていただきます。※Japanese text only
定価はカバーに表示してあります。

ISBN978-4-04-606185-0　C0095